KÖNIGS FURT

W0041723

Zum Buch

Herausforderungen im persönlichen und geschäftlichen Bereich sind häufig nicht vollständig zu überblicken. Zugleich muss jedoch schnell und sicher entschieden werden. Wie das auf einfachste, spielerischste und erfolgreichste Weise geschehen kann, davon handelt dieses praktisch ausgerichtete Buch, das gleichzeitig eine Einführung in den erfolgreichen Umgang mit Traum, Phantasie und Vision gibt.

Traumarbeit hält psychisch und physisch gesund. Sie hilft uns, Phantasie und Realität auseinanderzuhalten.

Die DreamCreativity®-Methode lehrt uns, mit traumhafter Phantasie unsere eigene Realität zu erschaffen.

Sie unterstützt

• eine erfolgreichere und zugleich leichtere Bewältigung des Alltagslebens
• die Entwicklung von Lebens- und Geschäftsvisionen
• eine lebendigere Gestaltung Ihrer sozialen Beziehungen
• kreative Problemlösungen
• Ihre Persönlichkeitsentwicklung

Zum Autor

Klausbernd Vollmar, geb. 1946 in Remscheid, Diplompsychologe und Heilpraktiker, studierte Germanistik, Philosophie und Psychologie. Er arbeitete am Goethe-Institut in Finnland und war viele Jahre im In- und Ausland als Mitarbeiter verschiedener Kulturzeitschriften und Verlage tätig. Als Therapeut und Schriftsteller ist Klausbernd Vollmar einem breiten Publikum durch seine häufige Medienpräsenz bekannt.

Heute lebt er in Norfolk/England und im Rheinland.

Bei Königsfurt sind vom Autor erschienen:
Handbuch der Traumsymbole ISBN 3-927808-65-2
Gelebte Träume sind die besten Träume ISBN 3-927808-76-8
Wahre Träume ISBN 3-927808-17-2
Ratgeber Traum ISBN 3-927808-54-7

Klausbernd Vollmar

SICH ERFOLGREICH TRÄUMEN

Die DreamCreativity®-Methode

Königsfurt

Originalausgabe
Königsförde 2000

Copyright für die deutsche Ausgabe
© 2000 by Königsfurt Verlag
D-24796 Klein Königsförde/Krummwisch
www.koenigsfurt.com

Umschlaggesaltung: Init, Bielefeld

Lektorat: Heike Neumann

Satz & Layout: Claudia Schmidt, Kiel
Druck und Bindearbeiten: Clausen & Bosse, Leck

Printed in Germany
auf chlorfrei gebleichtem Papier

ISBN 3-933939-08-0

INHALT

*Die wirkliche Macht liegt in Ideen, nicht in
Organisationen.
Nichts kann durch äußeren Zwang
erreicht werden – durch innere Kraft aber alles.*
John G. Bennett

EIN WORT ZUVOR

Das Kreuz mit dem Erfolg

Das Leben hält immer neue Träume
bereit, wenn alte Träume gehen.
Robert Goddard

Sie haben dieses Buch gekauft, weil Sie erfolgreicher werden möchten. Wer möchte das nicht? Wahrscheinlich ahnen Sie auch, dass Sie Ihr Potential keineswegs voll ausleben – noch nicht. Die Lektüre dieses Buches hilft Ihnen dabei, das zu ändern. Aber keine Angst, ich werde Sie nicht mit fragwürdigen Rezepten à la »megareich im Schlaf« abspeisen. Ich werde Ihnen stattdessen aufzeigen, wie Sie sich selbst fördern können, um erfolgreicher zu werden. Was dabei »Erfolg« ist, das bleibt Ihnen überlassen. Der eine sucht ihn in der Beziehung, der andere im Beruf und im Geldverdienen. Erfolg ist subjektiv und besitzt viele Gesichter. Bei der in diesem Buch vorgestellten DreamCreativity®-Methode geht es um Ihren Erfolg zu Beginn des dritten Jahrtausends – ein wahrlich aufregendes Zeitalter voller Versprechungen und Chancen.

Wahrscheinlich wurden Sie, wie die meisten Menschen unseres Kulturkreises, gegen den Erfolg erzogen. Sie wollten am liebsten König oder Prinzessin werden, später Pop-Star oder Filmsternchen. Und der im Geld badende Onkel Dagobert hat Ihnen auch mächtig imponiert. Naserümpfend sahen Ihre Eltern und Lehrer das als höchst unrealistisch an. Diese Träumereien wurden Ihnen möglichst schnell mit allen pädagogischen Tricks ausgetrieben. »Diese Superreichen und Erfolgsgiganten, das sind nicht wir! Bleib bloß auf dem Teppich!« hieß es, und Ihnen wurde frei nach der Bibel vorgehalten, dass Sie im Schweiße Ihres Angesichts Ihr Brot verdienen müssen. Die beliebte protestantische Ethik wollte die ganze Welt zum asketischen Kloster machen, aber schon vorher hieß es (bete und arbeite), obwohl der sprichwörtliche Körperumfang der Mönche nicht unbedingt auf ein asketisches Leben schließen ließ. Die Ansicht, je mehr Arbeit, desto mehr Gottessegen, der sich in äußerlichen Erfolgen

9

zeigt, machte sich breit und war bei unseren Eltern und Lehrern zur Tatsache erstarrt. Wir hatten darunter zu leiden.

Wir wurden zum emsigen Arbeiten erzogen, aber keineswegs zum fröhlichen Genuss des Erfolgs.

Ihre Eltern wollten sicher, dass Sie erfolgreich werden. Sie bekamen Lob und Liebeszuwendung bei Ihren kleinen Erfolgen. Aber betrachten Sie einmal genauer Ihre Erziehung, werden Sie bemerken, dass zuviel zu erwarten, zuviel zu fordern und zu verlangen als höchst unschicklich galt – das widersprach dem hehren Ideal der züchtigen Bescheidenheit. Noch vor gar nicht so langer Zeit galten erfolgreiche Frauen als fragwürdige Wesen. Als Blaustrümpfe wurden sie noch vor kurzem diskriminiert. Sie galten als unattraktiv oder gar als asexuelle Wesen.

Wer nach dem großen Erfolg strebte, bekam eins auf die Finger! Jungen wie Mädchen sollten statt nach den Sternen zu greifen lieber auf dem Boden bleiben und bescheiden ihre Schularbeiten verrichten. »Erst die Arbeit, dann das Vergnügen«, war der Lieblingsspruch meines Vaters, der vergnüglich zu arbeiten als anrüchig empfand. Und wir alle haben bewusst oder unbewusst diese Haltung falscher Bescheidenheit übernommen. Sie erklärten sich damit einverstanden, mit kleinen Erfolgshäppchen abgespeist zu werden. Harte Arbeit gepaart mit ein wenig Glück bringt kleine Erfolge, lautete die Devise. Wer hoch strebt, fällt tief – aber ist das wirklich so?

Ich wage das zu bezweifeln. Mit diesem Buch möchte ich Ihnen einen anderen Weg aufzeigen, auf dem Ihnen spielerisch und mit Freude der Erfolg zufliegt, den Sie sich erträumen. Ja, Sie haben richtig gelesen: Sie können sich Ihren Erfolg erträumen. Dass Sie bei der Umsetzung Ihres Traums bisweilen die Arme hochkrempeln und zupacken müssen, mag sein. Aber der traumhafte Weg zum Erfolg ist keineswegs voller Mühen und Plagen, um am Ende mit bescheidenem Erfolg vertröstet zu werden. Halten Sie sich stets vor Augen: Traum ist das, was sich umsetzen lässt! Er bietet eine Zukunftsperspektive, die machbar ist – traumhafter Erfolg hat die Angewohnheit, leicht wie die Schlaf-Fee zu kommen und das Sandmännchen streut Ihnen den Sand der Erkenntnis in die Augen. Man muss manchmal seine Augen schließen, um wirklich zu sehen. Erfolg ist wie der Stein der Weisen, er liegt zu Ihren Füßen, aber Sie sehen ihn (noch) nicht.

Mir wurden die Augen für diesen lustvollen Weg zum Erfolg geöffnet, als vor Jahren eine geliebte Freundin mich verblüffte.

»Glaubst du etwa, dass du mit mehr Arbeit mehr Erfolg haben wirst?« fragte sie mich kopfschüttelnd, als ich nächtens wie besessen Worte in meinen Computer hämmerte. Zuerst verwirrte mich diese lästerliche Ansicht, dann gab sie mir zu denken. Heute weiß ich, dass Erfolg oft traumhaft kommt. Die Muse küsst uns nachts im Schlaf. Sie schenkt uns erfolgsversprechende Ideen und die Lösung unserer Probleme. Und das ist so einfach, denn wir träumen alle. Wir werden alle nachts gefördert – selbst der erfolgreiche Popmusiker Dieter Bohlen *(Modern Talking)* träumt sich seinen Unterhaltungskonzern zusammen, differenziert und ganz und gar nicht naiv[1] und schon Henry Ford und John D. Rockefeller liebten es, über ihre Visionen und Träume zu sprechen.

Wer inspiriert Sie im Traum?

Sie selbst! Es ist Ihre tiefe Weisheit, Ihr Unbewusstes, Ihr Traumgenerator, oder Gott. Im Grunde ist es völlig egal, wie Sie diese hilfreiche Kraft benennen. Wichtig ist, auf Sie zu hören, sich ihr zu öffnen. Glauben Sie nicht – was Ihnen oft erzählt wird –, dass Träumer weltfremd und erfolglos sind. Das Gegenteil trifft eher zu. Etwas überspitzt ausgedrückt, kann man unser Zeitalter als das der visionären Dilettanten bezeichnen. Träumer schufen die Visionen der vernetzten Welt, eines vereinigten Europas und des Weltfriedens. Die Zeit der Fachidioten und Erbsenzähler ist vorbei. Erfolg haben Menschen mit Visionen und Menschen mit Überblick. Folgen Sie Ihren Träumen, und der Erfolg wird sich einstellen. Wenn Sie Ihre Träume ignorieren, haben Ihre Eltern und Lehrer recht: Sie müssen sich Ihre Erfolge hart erarbeiten, und ob Sie dann jemals den Durchbruch zum großen Erfolg schaffen, bleibt höchst fraglich.

Traumhafte Lebensgestaltung

Mühe ist nur angebracht,
wenn sie zu einem Geheimnis
namens Mühelosigkeit führt
Peter Brook

Homo sapiens – der Mensch als ein denkendes Wesen. Zweifelsohne gelingt es uns, ab und zu zu denken. Aber wir denken keineswegs immer – zum Glück! Wir träumen jedoch unablässig! Sie steuern Ihr

Auto durch die Stadt und träumen vom Urlaub, Sie starren auf den Bildschirm und phantasieren, was wäre, wenn...

Sie dürfen niemals aufhören zu träumen. Der Traum erschafft Ihre Zukunft. Bisweilen werden sich Ihre Träume nicht durchsetzen – dennoch: weiterträumen! Im Namen unserer Träume werden wir Erfolg haben! Im Kontakt mit Ihnen sind wir stark. Auf jeden Fall verlieren wir, wenn wir unsere Träume aufgeben. Das zeigt sich meistens daran, dass wir keine Zeit mehr haben und unsere Kreativität erstarrt, weil wir Erfolge erzwingen wollen und verbissen wie die Berserker arbeiten. Den Verbissenen und Fanatischen flieht der Erfolg. Mit altgewohnten Sicht- und Handlungsweisen werden Sie sich nicht in einer sich zunehmend schneller verändernden Welt durchsetzen. Vielmehr werden Sie zum Auslaufmodell, zum »alten Eisen«, dem man bestenfalls das Gnadenbrot gibt – um seine romantische Seele zu befriedigen.

Es geht hier nicht darum, wie man Erleuchtung findet und dabei stinkreich wird oder wie man sich schwindelerregende Profite, die tollsten Liebhaber und eine unwiderstehliche Ausstrahlung herbeiträumt. Dieses Buch handelt davon, wie man sein materielles und soziales Leben sinnvoll in Harmonie bringt. Ein wichtiges Werkzeug dafür stellt die DreamCreativity®-Methode dar, die Ihnen lebensnahe und praktische Anweisungen gibt, sich erfolgreich zu träumen. Kreative Menschen wie Albert Einstein, Walt Disney, Coco Chanel und Kate Bush benutzen und benutzten ganz natürlich Elemente dieser Methode. Warum nicht auch Sie?

Das menschliche Leben ist schon paradox: Da fördern wir uns ständig selbst und nehmen es gar nicht wahr. Sind wir aus falscher Bescheidenheit erblindet? Bereits die alten Ägypter wussten, dass wir von unseren Erfolgen träumen. Sigmund Freud und Carl Gustav Jung ahnten, dass wir uns unsere Erfolge erträumen. Und das geschieht ganz ohne unser bewusstes Zutun. Jede Nacht dreht der innere Regisseur in uns den Lehrfilm »Wie komme ich zum ersehnten Erfolg«. Sie bringen sich als Produzent, Regisseur und Zuschauer - alles in einer Person - selbst vorwärts und das äußerst einfallsreich und phantasievoll. Doch leider haben Sie oft mit dem ersten Öffnen der Augen am Morgen alles wieder vergessen. Das ist unnötig und wenig hilfreich. Es liegt zum großen Teil daran, dass Sie Ihrer eigenen Förderung nicht trauen. Ich möchte Ihnen mit diesem Buch und meiner DreamCreativity®-Methode helfen, das zu ändern.

Ich werde Sie zum bewussten Einsatz Ihrer Phantasie verführen. Sie ist der Stoff, aus dem die Träume sind. Sie hilft uns, unsere Ziele spielend leicht zu erreichen. Denken Sie an Sterntaler: Sie gab nachts ihr letztes Hemd weg und schon fielen ihr die Sterne in den Schoß. Geben auch Sie sich wie Sterntaler den nächtlichen Bildern hin. Aber nehmen Sie sich auch davor in acht, Traum und Phantasie als Flucht zu benutzen, um in eine unrealistische Idylle abzuschweifen. Bewusst eingesetzte Phantasie führt zum Erfolg, unbewusste Phantasien – wie die vergessener Träume – führen dagegen in die Illusion oder bewirken im besten Fall gar nichts. Die Bilder des Traums drängen zu einer Geburt in die reale Welt hinein. Der Sinn des nächtlichen Films liegt im Erwachen zur Wirklichkeit. Der Träumer erprobt neue Verhaltens- und Sichtweisen im Licht vergangener Erfahrungen. Im Leben geht es wie im Theater zu: Ohne Proben keinen Erfolg. Der Traum ist die Probe zum Erfolg. Was Ihnen im Traum gelingt, das können Sie auch – freilich nur innerhalb unserer natürlichen Grenzen – in Ihrem Alltagsleben ausführen.

Wer seine Träume ändert, ändert sein Leben

Beängstigende Träume fordern Sie auf, ein Happy End zu suchen. »Schlechte« Träume möchten in gute verwandelt werden.

Beschäftigen wir uns mit unseren Träumen, gleicht unsere Einstellung zu ihnen häufig der eines Gläubigen seinem Gott gegenüber: Der Traum ist unantastbar. Er sagt uns, was richtig und was falsch ist. Er ist wie ein Dogma und so behandelten ihn auch die Oberväter der Traumdeutung Freud und Jung. Ich dagegen möchte Sie anregen, sich Ihren Träumen gegenüber zu emanzipieren. Die DreamCreativity®-Methode sieht den Traum als ein Produktionsmittel. Sie stiftet Sie an, Ihre Träume zu verändern, sie bewusst umzuformen, damit sie Ihnen auf Ihrem Lebensweg helfen. Der nächtliche Film ist keineswegs monolithisch, unantastbar und sakrosankt. Sehen Sie Ihren Traum – den nächtlichen wie den Tagtraum – als ein Produktionsmittel, das Sie nutzen können, um Ihre Lebensvision zu entwerfen. Sie brauchen die Geschichte Ihres Traums nicht blind zu akzeptieren. Er erzählt Ihnen etwas, was Sie nicht sehen wollen und gibt Ihnen häufig einen Bericht, was mit Ihnen wirklich los ist. Nachdem Sie das erkannt haben, können Sie ihn verändern, indem Sie ihn neu inszenieren. Jetzt übernehmen Sie Verantwortung für Ihr Leben, denn das Leben richtet sich nach den Träumen, die Sie entwerfen. Ihre Träume machen Ihr Leben zu einem Szenario, das sich immer weiter entwickelt, und Sie können Vertrauen in jenen verborgenen Drehbuchautor haben, der für anstehende Probleme eine realistische Lösung findet, denn dieser Autor sind Sie, und was Sie wollen, das geschieht. Allerdings ist hier Vorsicht geboten: Es geschieht nicht unbedingt das, was Sie bewusst zu wollen meinen, sondern eher das, was Ihr Unbewusstes möchte. Ihr Unbewusstes setzt sich nämlich meistens durch. Mit der DreamCreativity®-Methode können Sie Ihr Unbewusstes nun so »erziehen«, dass es auf Sie hört und nicht mehr gegen Sie agiert.

Die DreamCreativity®-Methode ist eine Inszenierungshilfe für Ihre inneren Filme, an denen sich die Inszenierung Ihres äußeren Films ausrichtet. Es ist im Leben wie im Theater: Nur ein guter Regisseur ist erfolgreich. Sie werden allerdings sehen, dass es gar nicht so schwierig ist, ein guter Regisseur und Drehbuchautor zu sein und dass es sogar noch Freude bereitet.

Rasante Änderungen

Der Mensch ist ein zielstrebiges Wesen.
Viele streben zu viel und zielen zu wenig.
Sprichwort aus den Alpen

Mit Mühe und Not beherrschen Sie gerade Ihr Computer-Programm und schon kommt eine neue Version heraus mit neuen Tücken und Tricks. Alte Fertigkeiten können Sie vergessen, neue sind gefragt. Wer morgen Erfolg haben möchte, muss sich heute rasanten Änderungen anpassen und ständig lernen. Alte Lösungen sind erfolglos. Erfolglose Lösungsversuche weisen jedoch den Weg zu erfolgreichen Lösungen – falls wir aus den Fehlern lernen.

Das Leben ändert sich ständig, oder es ist falsch – und führt ins Unglück. Veränderungen sind notwendig, ohne sie gibt es keinen Erfolg. Jede Veränderung im Leben zeigt sich in unseren Träumen.

Träume bereiten uns auf anstehende Erneuerungen vor. In Zeiten des Wandels benötigt man dringend Ratgeber. Die Träume stehen als solche Ratgeber voll auf der Seite des Träumers - sie sind parteiisch und solidarisch.

Wer anderes als die Träume kann uns helfen, wo eh keiner mehr weiß, wo es lang geht. In diesen Zeiten beschleunigter Veränderungen sind wir auf sie angewiesen, weil sie uns aus einem größeren Überblick heraus den Weg weisen können. Da wir meist handeln müssen, bevor wir alle wichtigen Fakten vorliegen haben, wird die Intuition - die innere Stimme oder wie Sie die Traumsprache nennen wollen - immer wichtiger. Ich bemerke es häufig: Bis ich alle wichtigen Fakten für mein Handeln gesammelt habe, sind diese längst überholt. Die Halbwertzeit des Wissens sinkt rapide und damit kommt der große Auftritt des Traums, der schneller als schnell ist und zur Not selbst in die Zukunft blicken kann. Was bleibt Ihnen anderes übrig, als auf Ihre Träume zu achten? Sie müssen schon aus Notwehr träumen, wenn Sie sich Ihren Erfolg sichern wollen!

Trotz aller Eile muss man wichtige Entscheidungen überschlafen, das weiß schon der Volksmund – also wenden Sie diese Volksweisheit an! Speziell im Praxisteil dieses Buchs werden Sie Schritt für Schritt dahin geführt, einen praktischen Nutzen aus Ihren nächtlichen Abenteuern zu ziehen und dabei noch Spaß zu haben.

Alle Traumforscher sind sich darüber einig, dass etwa achtzig Prozent aller epochalen Erfindungen und Entdeckungen im Traum gemacht wurden (wie das wohl gemessen wurde?). Der Chemiker Kekulé von Stradonitz revolutionierte, durch einen archetypischen Traum von der Schlange inspiriert, die organische Chemie.[2] Zur Relativitätstheorie ließ sich Albert Einstein[3] durch einen Traum von einer wilden Schlittenfahrt anregen und C. G. Jungs Modell der menschlichen Psyche geht auf den berühmten Traum vom mehrstöckigen Haus mit dessen beiden Kellern zurück. Alles Neue kündigte sich in Träumen an, das war schon immer so. Faraday, Newton und Descartes waren große Träumer und ließen sich von ihren Träumen zu völlig neuen Gedanken und Einsichten führen, die sie dann freilich genau ausarbeiteten. Der Traum ist oft der Geburtshelfer des Neuen und Erfolgreichen. Er ist wie ein Freund, der Ihnen den Weg zum Erfolg weist. Nutzen Sie diese Chance, eh ein anderer Ihnen zuvorkommt, denn der Zeitgeist äußert sich kollektiv in ähnlichen Träumen. Ihr Nachbar träumt nicht so viel anders als Sie, denn der Traum steht auf der Seite der Natur, die immer eine erfolgreiche

Fortentwicklung unterstützt. Wer seine Träume wahrnimmt und etwas mit Ihnen macht, hat die Nase vorn.

Die DreamCreativity®-Methode geht davon aus, dass wir in einem post-therapeutischen Zeitalter leben. Es kommt weniger darauf an, in therapeutischer Weise danach zu fragen, wo Neurosen oder andere Krankheiten vorliegen, sondern die Kommunikation steht im Vordergrund: Die Kommunikation mit sich selbst und mit der Umwelt. Der Traum ist einer der wichtigsten Kanäle der Kommunikation mit uns selbst. Wenn diese Kommunikation funktioniert, dann können wir auch erfolgreich mit unserer Umwelt kommunizieren.

Ich wünsche Ihnen viel Erfolg, neue Einsichten und Spaß mit der DreamCreativity®-Methode.

Cley next the Sea/Norfolk im Sommer 2000

---

1 Vgl. dazu Dieter Bohlen: Ich habe einen Traum. In: Die Zeit, Nr. 39, Hamburg 3.9.1999, S. 24
2 Kekulé von Stradonitz träumte von der Schlange, die sich in den Schwanz beißt (archetypisches Symbol des Oroboros), deren Kreisgestalt ihn auf die ringförmige Anordnung der Atome im Benzolring brachte. Vor Kekulé ging die Chemie davon aus, dass Atome stets linear angeordnet seien müssen.
3 Einstein träumte, auf einem Schlitten einen Berg hinabzufahren. Er schaut nach oben in den Sternenhimmel und mit der Beschleunigung des Schlittens ändern sich die Sterne. Einstein berichtete selbst öfters, dass ihn dieser Traum auf die erste allgemeine Relativitätstheorie brachte.

DER INNERE FILM

Filme sind überwältigend, sie nehmen jeden
Winkel des Gehirns ein und spülen jedes
Gespür für Distanz hinweg, wodurch unsere
Identifikation mit der Handlung
vollständig und unwiderstehlich wird.

Peter Brook

Eine Frau hetzt zitternd durch die nächtliche Stadt. Im Schaufenster
sieht Sie nur kurz das Bild Ihres Verfolgers aufblitzen. Immer schnel-
ler rennt sie durch die Nacht. Wolken verdunkeln den fast vollen
Mond. Plötzlich steht der Mann mit einem Messer vor ihr. Sie
erstarrt. Sie schreit, sie rennt – nichts geht mehr ...
Das könnte die Szene eines billigen Fernsehfilms sein. Raub, Mord,
Vergewaltigung werden erwartet. In diesem Fall handelt es sich
jedoch um einen Traum - die letzte Szene unmittelbar vor dem Aufwachen. Ob Kriminalfilm, Lustspiel, Pornographie oder Drama, der
Traum kennt alle diese Formen und spielt mit Ihnen, um Sie als
Träumer zu berühren. Freilich geht es da hoch her und rau zu, aber
anders sind Sie doch gar nicht mehr zu erreichen. Es ist wie in der
Werbung: je schriller, desto einprägsamer. Und dennoch sind diese
inneren Filme voller Poesie. Sie geben Ihre authentische Sichtweise
wieder und konzentrieren ein Höchstmaß an Gehalt und Sinn auf
engsten Raum.

Wir träumen fast immer. Traum ist ein Zustand, in dem uns
wenig bewusst ist. Träumend haben wir das Gefühl, dass uns
alles geschieht – wir regredieren in die kindliche Schicksalsgläu-
bigkeit. Betrachten Sie alle Ihre Träume – ob Tagträume oder
nächtliche Träume – als einen Lehrfilm, den Sie sich selbst inszenieren und mit dem Sie sich überraschen. Lassen Sie sich auf
diesen Lehrfilm so emotional wie auf einen Kinofilm ein.
Fragen Sie sich:
Warum inszeniere ich mir diesen Film?
Warum gerade jetzt?

Träume, Phantasien und Visionen - die alle bruchlos ineinander übergehen - werden wie spannende Filme wahrgenommen. Im nächtlichen Traum verfolgen unsere geschlossenen Augen zuckend das Geschehen auf der inneren Leinwand (welche die Hirnrinde [Cortex] bildet). Die Gehirnzellen zeigen sich gegenseitig Filme, das ist ihre Kommunikation untereinander, und der Film sitzt sozusagen gleichzeitig im Kino, um sich selbst auf der Leinwand zu sehen. »Denn wenn ihr träumt, seid ihr Filmstars und Publikum auf einmal. Ist das nicht geheimnisvoll?«[4] Die Psyche – oder die Seele - ist das Kino. Sie sucht die Filme aus.

Es läuft wie im Bahnhofskino rund um die Uhr ein Film ab mit bisweilen harten Schnitten. Sie träumen fast immer, aber nach den nächtlichen Träumen wird Ihnen noch am ehesten bewusst, dass Sie geträumt haben. Außerdem drückt das Nachtprogramm eher als das Tagesprogramm einmal kräftig auf die Tränendrüsen oder lässt Ihnen die Haare zu Berge stehen und Sie erzittern. Jeder Traum ist zehnmal wilder, als jeder Versuch, ihn technisch als Film oder Video umzusetzen. Das meint Pipilotti Rist, die renommierte Videokünstlerin, deren Videos von der Kritik häufig als Traumvisionen bezeichnet werden. Der Traum am Anfang dieses Kapitels zeigt es deutlich: Eine so bedrohliche Atmosphäre mit gänsehauterzeugendem Traumlicht, mit dieser beinahe greifbaren Intensität ist fast nur im Traum möglich.

Jeder innere Film bedeutet etwas. Es gibt keine sinnlosen Filme. Jeder Ihrer inneren Filme ist ein Kommunikationsangebot – speziell an Sie. Schauen wir uns einmal diesen Horrorstreifen der Verfolgung genauer an. Er gehört in die beliebte Kategorie der Verfolgungsträume. Gerade diese Träume stellen einen verzweifelten Kommunikationsversuch dar: Was uns verfolgt, das möchte mit uns reden, von uns wahrgenommen werden. Es ruft: »Schau mich an! Wende Dich mir zu!« Und da wir es so lange nicht beachtet haben, verkümmert es und wird zur hässlichen Fratze – wie Kinder, die man nicht beachtet, fürchterlich nervig werden. Der Mann mit dem Messer möchte sich der Träumerin nähern. Das Männliche, das sie stets aus ihrem Leben verbannte, möchte in sie hinein. Freud freilich hätte das Messer als Penis gedeutet, wir dagegen sind heute weniger vom Phallus besetzt. Die Träumerin deutete es so: »Das Messer durchdringt meine Hülle, da will das Männliche in mich hinein – als Eigenschaft, als Verhaltensweise. Ich muss mich einfach mehr durchsetzen.« Der Traum hat erfolgreich mit der Träumerin kommuniziert. Er ließ sie erzittern und schreien, anders hätte sie sein Kommunikationsangebot nicht angenommen. Träume sind Meister der Kommunikation: Sie wissen sehr genau, wie sie sich ihren Betrachtern bemerkbar machen können. Je mehr wir uns dieser Kommunikation entziehen, desto impertinenter und radikaler werden sie. Auf ständige Ablehnung reagieren sie mit Horrorszenarien – das ist verständlich und funktioniert.

Träume sind innere Filme mit höchst genialen Bilderserien, die Sie sich selbst als Lehrfilm inszenieren. Sie sehen sich Ihre eigenen geheimnisvollen Weisheiten an, die Ihnen zum Erfolg verhelfen, die Sie aktivieren und aufrütteln. Das ist das Paradox des Traums: Wenn Sie mit geschlossenen Augen träumen, werden Ihnen die Augen geöffnet für das, was Sie offenen Auges meist nicht wahrnehmen. Nutzen Sie die Weisheit des inneren Films für sich, um Ihre äußeren Ziele zu erreichen! Der erste Schritt besteht darin, die Weisheit Ihrer inneren Filme anzuerkennen und sich ihr zu öffnen, dann beginnt die Kommunikation ganz von allein. Damit haben Sie auch die wichtigste Grundlage für die Erinnerung Ihrer Träume geschaffen. Traumerinnerung ist nämlich weniger eine Frage der Technik oder des Talents, als vielmehr abhängig von der inneren Einstellung des Träumers. Wer versteht, dass er sich selbst lehrreiche Filme dreht, der wird diese auch behalten – zumindest Teile von ihnen. Und das genügt, denn jeder Teil des inneren Films drückt wiederum die Aussage des gesamten Films aus (holographische Traumstruktur). In unserem Traum verweist beispielsweise die Reflexion im Schaufenster auf die geforderte Reflexion der Träumerin, die im Schauen, in der genauen Wahrnehmung liegt. »Betrachte das Männliche differenziert!« möchte ihr dieses kurze Bild sagen und drückt damit die Gesamtaussage des Traums genauso aus, wie die Wolkenfetzen, die sich vor den Mond schieben. Das Weibliche – der Mond – will einfach nicht auf das Männliche schauen; es verhüllt sich.

In den nächtlichen Lehrfilmen kehren Ihre Gefühle wie Echos zu Ihnen zurück. Gefühle und Intensitäten bilden die Grammatik des Traums. Und es sind meistens die hinderlichen Gefühle, die in Szene gesetzt werden, ganz wie in unserem Verfolgungstraum. Diese sollen Sie erkennen, da sie Sie daran hindern, Ihre Ziele zu erreichen. Kurzum: Alles, was Sie auf Ihrer inneren Leinwand sehen, hat mit Ihnen zu tun. Jeder Darsteller, jede Szene, jede Situation und jede Requisite sind Sie. Alles, was sich in Ihnen abspielt, Ihr gesamtes Innenleben wird im Traum, in Handlungen, Bilder und Situationen umgesetzt.

Da gibt es nichts, was Ihnen wesensfremd ist. Sie können sich nicht herausreden, dass dieser Film nichts mit Ihnen zu tun hat. Sie sind dieser Film! Wenn Sie im Traum mit jemandem streiten, der Sie widerlegt und belehrt, so sind Sie es, der sich selbst belehrt. Wenn Sie im Traum verfolgt werden, sind Sie der Verfolger und der Verfolgte zugleich. Sie fliehen vor sich selbst. Und Sie sahen es: Der böse Mann im Traum symbolisiert die verkrüppelte Männlichkeit der Träumerin.

Der innere Film zeigt fast immer, wo Sie sich selbst im Wege stehen. Wenn Sie Erfolg haben wollen, deuten Sie also jeden Traum konsequent daraufhin, was er Ihnen als günstigere Verhaltensweise vorschlägt.

Als Regisseur verwenden Sie stets dieselbe Technik: Alle Energien in Ihnen wie Liebe, Hass, Angst und Freude werden in Bilder und Situationen umgewandelt, da Filme sich der Bildersprache bedienen. Diese Bildersprache wirkt viel eindringlicher und direkter, als wenn Ihnen etwas eher abstrakt in der Alltagssprache mitgeteilt wird. Sonst könnten Sie auch Lehrbücher der Persönlichkeitspsychologie lesen und Ihr Leben würde sich ändern. Das ist aber nicht der Fall. Menschen wie Sie und ich sprechen viel direkter auf animierte Bilder als auf abstrakte Sprache an (deswegen steht in der postmodernen Werbung auch das Bild im Vordergrund und nicht die Sprache). Durch Logik, die unsere abstrakte Sprache beherrscht, hat sich selten einer verändert.

> Der Schlüssel zu Ihrem Lehrfilm ist das Gefühl, nicht das Wort. Jedes Detail Ihres inneren Films gibt einen Aspekt von Ihnen wieder und dieser Aspekt wird in Szene gesetzt, damit Sie ihn verändern.

Wenn wir uns unseren Erfolg erträumen wollen, ist es also notwendig, die Bildersprache der inneren Filme zu verstehen. Wobei »verstehen« in diesem Fall nicht unbedingt bedeutet, dass wir exakt formulieren können, was die Aussage dieses Lehrfilms ist. »Verstehen« heißt in diesem Fall viel eher, dass Sie sich berühren lassen und dass eine Betroffenheit entsteht. Wenn wir aus dem Kino kommen, sind wir oft betroffen. Schweigend leert sich das Filmtheater. Jeder wirkt eigenartig in sich gekehrt. Der Film bewegt uns so, dass es uns zunächst die Sprache verschlägt. Wir wollen nicht sogleich das Gesehene zerreden und verworten. Genauso verhält es sich mit unseren inneren Filmen. Sie wirken jenseits unserer gewohnten verbalen Sprache. Sie wirken tiefer. Beschäftigen Sie sich mit diesen Filmen, fühlen Sie sich in sie hinein und tun Sie diese nicht einfach als »Quatsch« und Unsinn ab. Jeder dieser Filme möchte Sie dazu bewegen, perfekter zu werden und damit auch erfolgreicher. Unsere Träumerin muss zum Beispiel lernen, sich durchzusetzen – und was ist Ihre Lernaufgabe?

Durchschlagenden Erfolg haben wir nur dort, wo wir von etwas beseelt sind. Sie können sich nicht Ihren Erfolg erdenken, aber Sie können sich emotional zu einer erfolgreichen Änderung Ihres Lebens bewegen lassen. Sicherlich ahnen Sie das auch und deswegen inszenieren Sie sich Ihre inneren Filme. Sie wollen sich selbst dazu bewegen, die erfolgreichen Schritte zu unternehmen, Probleme zu lösen und Einsichten zu bekommen. Schauen Sie sich jeden Ihrer Filme daraufhin an. Fragen Sie sich, was Sie sich damit sagen wollen.

Folgende Fragen helfen Ihnen bei der Betrachtung Ihrer inneren Filme weiter:

Welche Gefühle löst mein Film in mir aus?

Welche Aspekte stellen Requisiten, Darsteller, Situationen von mir dar?

Wo sehe ich ungewohnte Verhaltensweisen, die mir fremd sind? Lohnt es sich, diese selbst einmal zu erwägen oder gar auszuprobieren?

Was sollte ich in meinem alltäglichen Leben ändern, um erfolgreicher zu werden?

Wollen Sie sich erfolgreich träumen, vergessen Sie niemals, sich für Ihre inneren Filme zu bedanken. Mit dieser Haltung provozieren Sie weitere Lehrfilme, die immer hilfreicher werden. Dem Demütigen versucht der Traum, sich besonders klar mitzuteilen. Also: Für jeden nächtlichen Traum, den Sie erinnern, suchen Sie sich eine Belohnung.

Der nächtliche Traum

Träume schaffen
neue Bilder, neues Leben.

Salvador Dalí

Der nächtliche Traum

Der nächtliche Traum findet hauptsächlich in der REM-Phase (Phase der schnellen Augenbewegungen) des Schlafes statt. Er besteht aus einem filmhaften Erlebnis, das einige Minuten bis zu einer Viertelstunde anhält und rhythmisch etwa alle neunzig Minuten auftritt.

Wir träumen jede Nacht, aber nicht jeder Traum wird erinnert.

Manch einer behauptet kühn, selten oder nie zu träumen. Das ist falsch. Wir träumen viele Male am Tag, was uns jedoch meistens nicht bewusst ist, und wir inszenieren uns die sonderbarsten Filme alle eineinhalb Stunden in der Nacht während des Schlafs. Ohne die nächtlichen Filme würden Sie weder lernen, noch erfolgreich handeln können. Der Traum hilft uns allnächtlich, für unsere Möglichkeiten wach zu sein, so dass wir erfolgreich handeln können, wenn die Zeit dafür reif ist.

Die nächtlichen Filme sind meist ausführlicher und differenzierter als unbewusste Tagträume, ansonsten unterscheiden sich die Tages- und Nachtvorstellungen nicht grundsätzlich voneinander.

Wir inszenieren uns im Schlaf längere Lehrfilme.

Diese Filme öffnen uns die Augen für das, was wir am Tag nicht sehen mögen.

Wir sollten uns regelmäßig für diese individuellen Lehrfilme bedanken, denn sie führen uns kreative Problemlösungen vor.

Die Beachtung dieser Filme unterstützt uns, erfolgreich zu werden.

Sie inszenieren sich Ihren Nachtfilm, indem Sie all Ihre persönlichen Energien aktivieren und bündeln, um mehr Sie selbst zu werden und damit reibungsloser Ihr Leben zu bewältigen. Auf diese Weise produzieren Sie einen symbolischen Film, an dem die Surrealisten Ihre

Freude gehabt hätten. Als Produzent wissen Sie alles über sich und nutzen sich selbst kreativ als Filmmaterial. Als Zuschauer sind Sie dagegen viel naiver. Ihnen fehlt oft die gebührende Aufmerksamkeit für Ihren Film, was sich jedoch bitter rächt. Denn nicht beachtete Trauminhalte haben die Tendenz, sich drastischer und häufiger in Szene zu setzen und gipfeln im Alpträumen. Deswegen ähneln sich Ihre Lehrfilme oft über einen längeren Zeitraum: Sie wollen einfach nicht richtig hingucken und lernen und so muss Ihnen der gleiche Stoff wieder und wieder vor Augen geführt werden. Sie haben sich als Regisseur solche Mühe gegeben, einen eingängigen Lehrfilm zu drehen. Jetzt enttäuschen Sie sich selbst durch fehlende Aufmerksamkeit. Sie haben doch alles getan, um Ihrem wachen Ich Wege zum Erfolg zu zeigen, und nun schauen Sie nicht hin. Das wird ein böses Ende nehmen. Der ersehnte Erfolg wird sich nicht einstellen. Ihr waches Ich wird verzweifelt nach dem Grund fragen. Den wissen Sie zwar als Regisseur, aber es nutzt Ihnen wenig, solange Sie ihn frech ignorieren.

Klar, Ihr innerer Regisseur spricht eine andere Sprache als Sie. So ist es eben bei den Filmleuten. Diese Sprache ist jedoch durch ein genaueres Hinhören leicht zu verstehen. Haben Sie vergessen, dass Sie als Kind diese Bildersprache noch problemlos verstanden? Heute meinen Sie, über diese Märchensprache erhaben zu sein. Das sind Sie keineswegs – Sie sind eindimensionaler geworden, begrenzter und phantasieloser. Aber die Zeit geht über Sie hinweg: So wird man heute nicht erfolgreich: ohne Phantasie keinen Erfolg! Phantasie und Kreativität sind die postmodernen Produktionsmittel.

Unser Regisseur drückt sich symbolisch aus. Er denkt in Bilderwelten, die auf Ihre Realität verweisen. Fragen Sie sich also immer: »Was will er mir mit diesen Bildern sagen?« Er nimmt auf Ihre Alltagsrealität, auf Ihre Gefühle und Verhaltensweisen Bezug. Vielleicht schauen Sie einmal in ein Lexikon der Traumsymbole, bevor Sie an der Bildersprache Ihrer Filme verzweifeln. Aber hier ist Vorsicht geboten: Sie können das Begreifen Ihrer Filme nicht delegieren. Zuerst müssen Sie sich um ein Verständnis Ihres Films bemüht haben, danach erst sollten Sie sich von einem Traumlexikon inspirieren lassen. Sie können sich auch mit Ihrem Partner oder Ihrer Partnerin über den Film unterhalten – die Nutzung eines Handbuchs der Traumsymbole kann ebenfalls wie eine Unterhaltung angesehen werden. Sprache bringt einen auf andere Ideen. Beim Reden entfaltet sich der Sinn. Verstehen bildet sich im Dialog, da blinde Flecken im Dialog überwunden und neue Bedeutungszusammenhänge gebildet werden.

Beschäftigen Sie sich möglichst täglich für eine Viertelstunde oder mehr mit Ihren Filmen.

Wie diese Beschäftigung konkret aussieht, spielt keine Rolle und ist Ihrem Geschmack überlassen: Nachdenken, Malen, Zeichnen, Rekapitulieren sind Möglichkeiten.

Was wollen die Bilder und Szenen Ihnen sagen?

Verschaffen Sie sich zunächst einen Überblick über den gesamten Film.

Suchen Sie einen Titel.

Danach betrachten Sie die Details und sprechen Sie über Ihren Film, schreiben Sie ihn auf.

Bei Unklarheiten nutzen Sie ein Lexikon der Traumsymbole.

Wenn Sie Ihre nächtlichen Filme produktiv nutzen wollen, verschaffen Sie sich zunächst einmal einen Überblick.
• Wie würden Sie den Film betiteln?
• Was ist seine Grundstimmung?
• Was ist seine Grundaussage?

Der Überblick über den gesamten Film sollte am Anfang jeder Traumbetrachtung stehen. Jedem Kunstwerk – und Träume ähneln Kunstwerken in verblüffender Weise – kann man sich am besten nähern, wenn man von seinem Gesamteindruck ausgeht. Beginnen Sie dagegen mit den Einzelheiten, laufen Sie Gefahr, sich zu verlieren. Die DreamCreativity®-Methode geht also den Weg vom Allgemeinen zum Besonderen, vom Überblick zum Detail. Danach wenden Sie sich speziell hervorgehobenen Details zu. Dazu gehören all jene Einzelheiten, die stark von Ihrer Erwartung abweichen, die erstaunlich anders als im Alltagsleben dargestellt werden und die Ihnen sogleich ins Auge fallen. Behalten Sie bei all diesen Betrachtungen stets im Hinterkopf, dass es Ihnen darum geht, Ihr Leben erfolgreicher zu gestalten. Sie möchten erfahren, wo Sie sich selbst ständig ein Bein stellen und wo Ihre Scheuklappensicht Sie beschränkt. Letztlich geht es um eine Einstellungs- und Wahrnehmungsveränderung, um sinnorientierter und somit erfolgreicher zu entscheiden.

Nachdem Sie Ihren inneren Film »verstanden« haben, verändern Sie seine Strukturen. Stellen Sie sich vor, Sie sind ein Filmregisseur, der einen neuen Film drehen möchte, in dessen Hauptrolle Sie brillieren. Sie sind der Star, von dem der Erfolg des Films abhängt. Übrigens nutzen wirklich viele Regisseure – wie beispielsweise Alfred Hitchcock und David Lynch - Traumbilder in ihren Filmen. Wenn Ihnen das schwer fällt, lassen Sie sich durch ein Buch anregen, wie man Filmskripte schreibt. Oder setzen Sie sich in Ihren Lieblingssessel mit einem Glas Champagner, und schreiben Sie einfach drauf los. Freilich, vorher sollten Sie wissen, worauf Sie hinauswollen. Ihr Ziel ist, Fortschritte zu machen, also spielen Sie den Erfolgreichen. Aber nehmen Sie sich dabei vor »schlaffen« Zielen in acht. Diese halbherzig erstrebten Ziele, die auf faulen Kompromissen beruhen, behindern Sie. Kühne Ziele dagegen werden Sie fördern und Ihnen zu erstaunlichen Einsichten verhelfen.

Wenn Sie Ihre inneren Filme verändern, befinden Sie sich in bester Gesellschaft: Schon Platon ging in »Der Staat« davon aus, dass man Einfluß auf seine Träume hat, die man gut für den Erfolg im Leben nutzen kann. Er empfiehlt, entspannt und gereinigt einzuschlafen, um die Wahrheit zu sehen.

Wie Sie im Detail bei der produktiven Nutzung Ihrer inneren Filme vorgehen, finden Sie im dritten Kapitel dieses Buchs, wo die praktische Anwendung der DreamCreativity®-Methode ausführlich dargestellt wird.

Der Tagtraum

Tagträume bereiten uns auf eine
Bewusstseinserweiterung vor.
Madame de Salzmann

Der Tagtraum

Tagträume sind Phantasien (und Visionen), die häufiger unbewusst als bewusst während des Tages ablaufen. Solche Tagträume sind oft nur kurz (Bruchteile von Sekunden bis wenige Minuten). Bewusste Tagträume können allerdings bis über eine halbe Stunde andauern.

Können Sie sich an die Geschichte vom Hans-Guck-in-die-Luft im »Struwwelpeter« erinnern?

Hans wandert träumend umher, und das Unglück geschieht: Er fällt ins Wasser. Das kennen wir alle: Wir gehen durch Stadt und träumen von unseren Ferien, oder davon, wie wir unsere Arbeit erfolgreich beenden, wie wir unseren Freund oder unsere Freundin heute Abend treffen. Zum Glück fallen wir meistens nicht ins Wasser, aber manch einer rempelte schon andere Fußgänger an oder lief vor den Briefkasten. Plötzlich beim Autofahren, während eines Gesprächs oder bei der Arbeit steigt ein Bild vom Urlaub oder wovon auch immer in Ihnen auf, und ein ganzer Film läuft ab. Meist ist es ein Kurzfilm, der von den Anforderungen der Realität unterbrochen wird.

Hans Guck-in-die-Luft fällt ins Wasser. Betrachten Sie das wie einen Traum: Er wird von seinem Gefühl verschlungen, das seit Urzeiten durch das Wasser symbolisiert wird. Sein Gefühl überwältigt ihn. Damit ist die Gefahr angesprochen, die dem einseitigen Träumer droht: Er verliert die Erdung. Das heißt, der Tagtraum kann auch als Fluchtweg aus der Realität missbraucht werden. Er kann sowohl als Flucht als auch als ein wichtiges Mittel zur Selbsterkenntnis und erfolgreicheren Lebensführung dienen. Es gibt Tagträume, die einem Kraft rauben und solche, die Kraft und Inspiration geben. Positive Tagträume sind schöpferische Träume, die eine bessere Realität schaffen. Negative Tagträume entfernen uns von unserer Umwelt und platsch! Wir versinken im Wasser. So ergeht es dem, der Traum und Realität nicht miteinander zu verbinden weiß, dem, der einzig träumt. Ob etwas gut oder schlecht für uns ist, ist eine Frage der Dosis: Von morgens bis abends tagträumen ist Gift, aber sich keinen Tagtraum zu erlauben, ist ebenso schlecht.

Erlauben Sie sich, am Tag zu träumen, denn Tagträumer mit ihrer reichen inneren Welt sind oft die realitätstüchtigeren Menschen. Sie sind kreativer und effektiver als »knallharte« Realisten – das behaupten zumindest zeitgenössische amerikanische Betriebspsychologen.

Freilich wurde von den Psychologen aller coleur das ganze letzte Jahrhundert hindurch der Tagtraum schräg angesehen, als etwas Ungesundes, dessen Luxus man zwar Genies aber keineswegs Herrn und Frau Jedermann zugestand. Vor diesem »parasitären Auswuchern der Phantasie, das Energien wild verpulvert« warnten die Erzieher. Tagträumer mussten bestraft werden, sie verführen gar zum eigenen Denken! Heute dagegen wird mit komisch akademischem Ernst die Wichtigkeit des Tagtraums betont. Sie dürfen also guten Gewissens und wissenschaftlich abgesichert tagträumen – nur zu! Ihre Umwelt wird Sie glücklicherweise immer wieder wecken und ein Hans-Guck-in-die-Luft-Dasein unterbinden.

In unserer heutigen westlichen Welt werden unsere inneren Filme zunehmend von den Bilderwelten der Medien beeinflusst. Das ist besonders bei Kindern zu beobachten. Vorgefertigte Bilder sind tödlich für die eigenen inneren Bilderwelten. Wer sich seine Träume allabendlich aus dem Fernseher zusammen zappt, unterdrückt seine eigenen Bilder. Wenn wir auf Reisen in zivilisationsfernen Gegenden eine Zeit lang nicht fernsehen, produzieren wir erheblich mehr eigene innere Filme, die auch viel plastischer sind – fast schon wie Romane. Wer erfolgreich sein möchte, muss sich von den platten »Instant-Bilderwelten« des Fernsehers fernhalten. Es sind nämlich die Bilder und Filme der anderen, nicht die eigenen. Erfolgreich wird nur der, der seinen eigenen Ideen und Bedürfnissen folgt. Leisten Sie sich also Ihren eigenen Tagtraum. Er wird Ihnen zeigen, wo Ihre Grenzen liegen und wie Sie diese überspringen können.

Warum sollte man nicht den Tagtraum als einen Ausflug in eine andere Welt ansehen? Im Schamanismus wird angenommen, dass die Träumerin oder der Träumer »wirklich« in einer anderer Welt und einer anderen Zeit waren. Das ist die zweite Welt, ein Paralleluniversum zu unserer Alltagsrealität, in der wir uns Kraft und Rat holen können, da es in dieser Welt weniger Beschränkungen gibt. Tagträumerinnen und Tagträumer sind Besucher dieser anderen Wirklichkeit, die im Grunde genauso virtuell ist, wie unser Alltag. Nach schamanistischer Auffassung finden Sucherin und Sucher in dieser Welt die kreative und intelligente Energie, die sie suchen. Aber sie müssen bewusst bleiben, um mit diesem Schatz ihr Alltagsleben zu bereichern. Deswegen empfiehlt der Schamanismus aller Traditionen das bewusste Träumen, das im Praxisteil dieses Buchs ausführlich vorgestellt wird.

Wer in dieser zweiten Welt seinen Willen einsetzen kann, wird zu einer dritten Welt gelangen, jener Welt jenseits des Bewusstseins, in der man »die Macht erhält, wirklich etwas zu bewirken«. Er wird offen für die grundlegenden Muster des Lebens. Aber hier verlieren wir uns in schamanistischen Spekulationen, die weit über unsere Möglichkeiten als Zivilisationsgeschädigte hinausgehen.

Schamanismus und moderne Traumbetrachtung treffen sich darin, dass das Ziel des Verständnisses eines Traums nicht so sehr im

Bild, sondern in der (inhaltslosen) Struktur gesehen wird. Diese Struktur nannte Jung die Archetypen, welche die Symbole hervorbringen. In der Meditation wird diese Erfahrung der Struktur als Leere bezeichnet. Ist Meditation inhaltsloses Tagträumen?

Der unbewusste Tagtraum

Er ließ sein Hirn grasen in den endlosen
Weidegründen des Nichts, wie es die Utopisten
und Laternenanzünder zu tun pflegen.

Gadda

Der Drucker will partout nicht Ihre Kontoauszüge ausdrucken, und der Geldautomat spuckt kein Geld aus. Die Angestellte am Bankschalter zuckt bei Ihrer Klage uninteressiert mit den Schultern. Da läuft in Ihrem Kopf der Film ab, wie Sie über den Schalter springen, die Angestellte wegschupsen und sich an der Kasse selbst bedienen.

Natürlich trauen Sie sich das nicht. Sie zeigen sich mit diesem Actionfilm, dass Sie viel zu passiv sind und schleunigst Ihre Situation in die Hand nehmen sollten. Wer sich solche Filme dreht, muss lernen, sich durchzusetzen.

Dieser Actionfilm weist die charakteristische Struktur aller Tagträume auf: Tagträume sind Filme, in denen Sie etwas kompensieren – eine Kränkung, ein Unrecht, eine Schwäche. Deswegen sind wir so oft in unseren Tagträumen aggressive Heldinnen und Helden. Sie erinnern sich: Ihr innerer Regisseur übertreibt immer! Aber Sie sollten sich durch solche Bilder anregen lassen, mehr für Ihr Recht einzustehen, mehr Zivilcourage zu zeigen und Ihr »Huschemäuschen-Verhalten« abzulegen. Wer erfolgreich sein möchte, muss auch bereit sein, sich den Erfolg zu nehmen. Wer wartet, bis er ihm oder ihr auf dem Silbertablett serviert wird, wartet bis zum Sankt-Nimmerleinstag.

> Unbewusste Tagträume sind meist kompensatorisch, das heißt Sie zeigen das auf, was wir uns nicht zu leben trauen, Sie werden von sexuellen Wünschen ausgelöst oder bieten eine Flucht aus unbehaglichen Situationen.
> Sie übertreiben und kommunizieren mit uns in symbolischer Weise.

Unbewusste Tagträume lieben es, uns zu provozieren. Sie zeigen uns das, was wir uns nicht trauen und damit auch die Grenzen unseres gewohnten Erlebens und Verhaltens. Sie können sie nutzen, um ganz neue Aspekte Ihres Wesens kennen zu lernen. So bereichern diese inneren Filme Ihren Lebensprozeß. Wenn Sie allerdings vor diesen Tagträumen erschrecken und Sie sogleich verdrängen, nutzen Sie Ihnen wenig. Sie haben Ihre Chance vertan, sich zu Einsichten provozieren zu lassen.

Sigmund Freud hat gerade den unbewussten Tagtraum als frustrierte Flucht in eine bessere Welt gedeutet. Heute dagegen wird an der therapeutischen Wirkung des Tagtraums nicht gezweifelt. Freud lag nicht falsch: Wir fliehen in unseren unbewussten Tagträumen schon in eine bessere Welt. Aber er hat nicht gesehen, dass dieses Bild von der besseren Welt uns häufig anregt, unsere eigene, begrenzte Welt zu verbessern. Wer träumt, dass er kühn über den Banktresen springt, wird sich weniger gefallen lassen als der, der sich solche Träume versagt. Die feine Lust am Widerstand wird durch solche Träume geweckt. Diese Lust ist äußerst hilfreich auf dem Weg zum Erfolg. Sie wissen ja: Der Brave kommt in den Himmel, der Böse überall hin ...

Ganz normale Männer und Frauen verbringen den Großteil ihres Tages mit Tagträumen. Sie phantasieren vor sich hin - und vergessen das sogleich. Der britische Psychologe E.J. Dearnley stellte fest, dass Erwachsene elf Prozent der wachen Zeit mit Tagträumen verbringen. Besonders Menschen, die hoch konzentriert arbeiten, haben oft Tagträume. Diese inneren Filme besitzen selten eine ausgeprägte Erzählstruktur, es sind meistens Momente, in denen wir »abschalten«. Wir achten nicht darauf, was wir sehen oder hören und wechseln zu unseren inneren Vorstellungen über, in denen meistens unsere Wünsche erfüllt werden. Wir werden zu Bill Gates oder Marilyn Monroe, Django oder Sissi – das baut auf! Allerdings ist hier Vorsicht geboten: Identifizieren Sie sich mit einem ironischen Augenzwinkern mit Ihren Heldinnen und Helden.

Der Psychologe Jerome Singer von der Yale Universität/USA hält alle Tagträumereien für heilsam und auch kreativ, da sie als Mittel zur Überwindung von Ängsten und zum Abbau von Schuldgefühlen dienen.

Der unbewusste Tagtraum führt Sie jedoch nicht notwendigerweise zum ersehnten Erfolg. Er muss bewusst gemacht werden. Sie sollten versuchen, ihn zu verstehen. Er ist wie die nächtlichen Filme zu deuten, die sich symbolisch mitteilen. Wenn Ihnen einer frech die Vorfahrt nimmt, mögen Sie zwar träumen, wie Sie ihn rammen. Im Alltagsleben würde ich Ihnen das nicht raten, sonst ergeht es Ihnen wie vielen Kriminellen, denen sich oft die Tat im Tagtraum aufdrängt. Sie wollen doch nicht erst in der Zelle die symbolische Struktur Ihrer Träume erkennen!

Da sehen Sie in der Werbung die blonde Schöne mit wehendem Haar im Sportwagen. »Junger Mann zum Mitreisen gesucht« fällt Ihnen ein. Ihr Blick fällt auf Ihren Männertyp, der an der Ampel steht, und schon beginnt der Kurzfilm in Ihrem Kopf ein amouröses Abenteuer auszuspinnen.

Neben den heldenhaften Tagträumen lieben wir die sexuellen. Je nach Charakter und Erfahrung inszenieren wir uns das ganze Spektrum von Soft-Pornos bis zum SM-Streifen – und zwar Frauen im Schnitt zehn Mal täglich. Männer scheinen entgegen der verbreiteten Volksmeinung nicht nur an »das Eine« zu denken. Sie kommen in Ihren besten Jahren nur auf acht sexuelle Phantasien pro Tag.

Wenn Ihnen diese pikanten Phantasien peinlich sind und Sie die Filme sogleich vor Schreck vergessen, haben Sie wenig Aussicht auf Erfolg beim anderen Geschlecht. Analysieren Sie Ihre inneren »Sex-Streifen«, werden Sie auf Ihre wahren Bedürfnisse stoßen. Und nur dem, der seinen wahren Bedürfnissen folgt, wird Erfolg in der Liebe und Erotik winken. Alle großen Liebhaberinnen und Liebhaber der Geschichte folgten ihren kühnsten Tagträumen – und da sie ihnen folgten, nahm man ihnen gern ihre Unwiderstehlichkeit ab.

Unbewusste Tagträume zeigen uns auf, wo wir aktiv werden müssen, wo wir unser eingefahrenes Verhalten ändern sollten, wo unsere wahren Bedürfnisse liegen.
Wir müssen uns allerdings bemühen, unsere unbewussten Tagträume zu erinnern – was jedoch selten schwierig ist.

Freitagnachmittag: Ein unsympathischer Kunde erzählt Ihnen langatmig zum dritten Mal, was er möchte, obwohl Sie es schon beim ersten Mal verstanden haben. »Gleich ist Feierabend. Hoffentlich kommt der bald zum Ende!« geht es Ihnen durch den Kopf. Sie stellen sich vor, wie Sie heute Abend mit Ihrem Mann beim Italiener an der Ecke essen gehen. Er prostet Ihnen mit dem dunkelroten Wein zu, der Kellner scharwenzelt um sie herum und stellt das leckere, noch warme Weißbrot auf den Tisch.

Einige der inneren Filme am Tag produzieren wir uns einfach deswegen, weil wir die Situation, in der wir uns gerade befinden, nicht aushalten. Sie ist uns zu geisttötend, zu nervig, zu lahm oder zu ungemütlich. Natürlich ist uns das wenig bewusst, dass wir inneres Kino spielen, weil es uns langweilig ist oder weil wir uns in eine peinliche Situation gebracht haben oder solch eine Situation wie in unserem Beispiel nicht vermeiden können. Auch diese Kurzfilme können Sie nutzen, um das nächste Mal diese Situation zu vermeiden. Sicher hätten Sie Ihren Kunden nicht verloren, wenn Sie ihn charmant darauf aufmerksam gemacht hätten, wie klar er doch sein Problem dargestellt hat und dass Sie sich gern um eine Regelung seines Anliegens bemühen würden.

Es ist immer das Gleiche: Solche Tagträume tauchen stets als Zeichen auf, dass Sie die Situation in die Hand nehmen müssen, statt passiv vor sich hin zu träumen.

Der bewusste Tagtraum

Unbewusstes Träumen nutzt wenig. Es ist so, als ob man im Kino einschläft. Der bewusste Tagträumer dagegen gleicht dem Alchimisten, der Kot in Gold zu wandeln sucht. Er bemüht sich, seine inneren Filme so zu bearbeiten, dass sie ihm Möglichkeiten der Wandlung bieten.

Sie träumen, wie Sie Ihrem Bankdirektor gegenübersitzen, der hinter seinem großen Schreibtisch thront und Ihren genialen Projektentwurf zynisch niederschmettert. Solche Filme sind natürlich nicht gerade aufbauend. Sie mögen Sie warnen, Ihr nächstes Treffen mit Ihren Geldgebern genauer zu planen oder Ihre Präsentation effektiver zu gestalten – gerade Finanziers wollen unterhalten werden. Lassen Sie sich etwas einfallen, ermahnt Sie dieser Traum zu recht. Vielleicht kommt in der nächsten Vorstellung der Traum vom Hofnarren?

> Bewusst gesteuerte Tagträume stellen eine große Chance dar, seine Begrenzungen und Ängste zu überwinden.
> Was Sie in Ihren Tagträumen bewusst verändern, wird sich auch bald in Ihrem Leben verändern (Transfer-Effekt).
> Achten Sie darauf, dass Ihr negatives Ich nicht Regie führt. Stärken Sie Ihr positives Ich.

Wir haben alle unsere Träume – als Tagtraum oder nächtlicher Traum – und jetzt gilt es, etwas damit anzufangen. In Träumen, wie in diesem Beispiel, drücken sich Befürchtungen aus, die sich häufig in kürzeren oder längeren inneren Filmen niederschlagen. Die Bankdirektor-Szene ist Ausdruck Ihrer Ängste und Unsicherheit. Da führt Ihr negatives Ich Regie. Stürzen Sie es von seinem Regiestuhl, und setzen Ihr positives Ich an seine Stelle, das nun den Film bearbeitet. Sie sind der Film-Editor!

Gehen wir einmal davon aus, dass Sie dieses Projekt auch wirklich durchführen wollen. Dieser Film will Sie nicht warnen. Er drückt auch keine berechtigten Zweifel aus, ob dieses Projekt Ihnen gut tut. Es liegt also an, diesen Film zu ändern. Dazu stellen Sie sich ihn erst noch einmal so genau wie möglich vor – die berühmte Wiederholung, die wir ja vom Fernsehen zur Genüge kennen. Wenn Sie Ihren Ursprungsfilm möglichst im Detail wieder vor Augen haben, beginnen Sie, ihn Stückchen für Stückchen zu verändern. Sie spinnen sich die bestmögliche Darstellung aus. Verlieren Sie dabei Ihr Ziel nicht aus den Augen! Es geht um Erfolg und alles andere ist jetzt nebensächlich. Allerdings wird sich möglicherweise (und auch wünschenswerterweise) Ihr Ziel während dieser Arbeit ändern: Jede und jeder beginnt mit seinem persönlichen Ziel: Ich will erfolgreich werden! Später mögen wir uns »höheren« Zielen zuwenden, bei denen nicht mehr der persönliche sondern der gesellschaftliche Nutzen im Vordergrund steht. Diese überpersönlichen Ziele werden mit materieller Absicherung immer stärker – zumindest im Ideal!

Sie wollen erfolgreicher werden. Verlieren Sie auch im Traum dieses Ziel nicht aus den Augen. Mit einer positiven Vision im Hintergrund sind Sie erfolgreich.

Inszenieren Sie sich als den erfolgreichen Star Ihrer inneren Filme.

Leben Sie Ihr volles Potential in Ihrer Rolle aus – ein wenig Übertreibung schadet nichts (zuviel Übertreibung nehmen Sie sich allerdings selbst nicht mehr ab – der Film muss immer glaubwürdig für Sie wirken).

Unterhalten Sie sich selbst mit diesen Inszenierungen, die lustig und originell sein dürfen.

Betrachten wir die Einzelheiten dieses Films, die Sie nicht so erfolgreich dastehen lassen, wie Sie möchten. Alles beginnt mit dem

Bankdirektor, der als modernes Machtsymbol hinter seinem breiten Schreibtisch thront. Das schüchtert Sie ein, deswegen muss es geändert werden. Aus dem mürrischen Bankdirektor wird die interessierte Sachbearbeiterin, die Ihnen freundlich zuhört und zeigt, dass sie nicht nur Ihr Projekt versteht, sondern auch an dessen Durchführung interessiert ist. Ja, Sie bekommen von ihr sogar noch Hinweise und gute Ideen geliefert. Frau Lucas – so wollen wir die Sachbearbeiterin nennen – verschanzt sich auch nicht wie Alfried Krupp hinter einem riesigen Schreibtisch, sondern sie beide sitzen an einem Konferenztisch in einem hellen Büro zwanglos nebeneinander.

Sie könnten sich auch vorstellen, dass Frau Lucas in Ihr Büro gekommen ist – aber das weicht vielleicht zu sehr von der Realität ab. Wir wollen bei dieser Filmbearbeitung möglichst ökonomisch vorgehen und nur das ändern, was auch wirklich notwendig ist.

Sie können auch den mürrischen Bankdirektor in einen interessierten, Ihnen freundlich zugetanen Bankdirektor verwandeln. Und wenn Sie ganz kühn sind, stellen Sie sich vor, wie Sie ihn faszinieren und völlig von sich einnehmen. Vielleicht bezirzen Sie ihn ja oder Sie verblüffen ihn durch Ihre Genialität, durch das Grandiose Ihrer Geschäftsidee.

Sie sehen, es gibt schwindelerregend viele Möglichkeiten, Ihren ursprünglichen Film zu verwandeln. Wichtig ist nur, dass Sie als der oder die Erfolgreiche dastehen. Und warum ist das wichtig?

Wenn Sie in Ihren Tagträumen bewusst die Rolle des Erfolgreichen spielen, dann gelingt Ihnen das auch viel leichter in Ihrem Alltag. Ich behaupte: Jeder Erfolgreiche spielt auch in seinen täglichen inneren Filmen die Rolle des Erfolgreichen. Man kann es auch so ausdrücken: Mit einer positiven Vision im Hintergrund sind Sie erfolgreich. Denn wer erfolgreich werden möchte, muss das zunächst einmal proben. Diese Probe ist die Inszenierung Ihrer entsprechenden inneren Filme. Nur der wird erfolgreich, der es wagt, den Erfolgreichen zu spielen.

Zum anderen merken Sie bei der Bearbeitung Ihrer Tagträume, wo es bei Ihnen »hakt«. Können Sie sich zum Beispiel nicht vorstellen, dass Sie eine grandiose Geschäftsidee überzeugend präsentieren, dann müssen Sie noch an Ihrer Geschäftsidee feilen – oder hilft Ihnen die Tatsache, dass andere auch nur mit Wasser waschen?

Kennen Sie Lou Andreas-Salomé?

Sie war eine faszinierende Frau, die vom Ende des neunzehnten bis zum Anfang des zwanzigsten Jahrhunderts unsere Geisteskultur beeinflußte. Sie inspirierte nicht nur Nietzsche, Rilke, Freud, Schnitzler, Hoffmannsthal und Röntgen, sondern war zugleich eine Meisterin im Umgang mit ihren Träumen. Sie beschreibt in ihren Schriften viele intensive Traumerlebnisse, die sie stets positiv umformulierte und nutzte, um ihre Wünsche und Lebensvorstellungen umzusetzen. Es waren ihre Träume, die ihr halfen, ihren Lebensentwurf gegen die Konventionen ihrer Epoche erfolgreich durchzusetzen. Was bei ihr als Kind begann, baute sie in ihrem weiteren Leben aus: Sie entwickelte eine Fülle von Tagträumen, die sie voller Energie und doch charmant gegen alle Widerstände durchzusetzen wusste. Ihr revolutionärer Plan, mit Nietzsche und Paul Rée in einer Wohngemeinschaft zuerst in Wien, dann in Paris zusammenzuleben, ging auf bewusst eingesetzte Tagträume zurück.

Beim Lesen der unterschiedlichsten Biographien dieser großen Frau entsteht das Bild, dass sie zeitlebens intuitiv die Tagtraummethode nutzte, um erfolgreich die intellektuellen und erotischen Kontakte zu knüpfen, die ihr Leben ausmachten. Dass es sich hierbei um eine bestimmte Methode handelte, war ihr jedoch nicht bewusst.

Was Lou Andreas-Salomé intuitiv anwandte, können wir heute aus dem zeitlichen Abstand als Methode erkennen. Es ist die DreamCreativity®-Methode, die den bewussten Tagtraum nutzt, damit man sein Leben erfolgreicher bestehen kann. Sie geht dabei mit folgenden Schritten vor:

- Sie machen sich Ihre nächtlichen Träume oder Ihre Tagträume bewusst.
- Sie betrachten, wo Sie sich als »Looser« ins Bild setzen.
- Diese Szenen werden im Detail dahingehend bearbeitet, dass aus dem »Looser« ein »Winner« wird.
- Nun stellen Sie sich den Ursprungstraum – am besten mit geschlossenen Augen – noch einmal genau vor.
- Daraufhin nehmen Sie die notwendigen Veränderungen vor und lassen den neuen Film ablaufen, in dem Sie als die erfolgreiche Heldin oder der erfolgreiche Held glänzen.
- Diesen bearbeiteten Film sehen Sie sich nun eine Zeit lang jeden Abend vor dem Einschlafen an – das ist jetzt Ihr »Pflichtunterhaltungsprogramm«.
- Gleichzeitig versuchen Sie in Ihrem alltäglichen Leben Ihre Filmrolle möglichst überzeugend zu spielen.
  Und jetzt kann ich Ihnen nur noch viel Glück wünschen – aber das wird nicht ausbleiben.

Sie haben sicherlich schon von Superman und Supergirl gehört, James Bond gehört auch zu dieser Gattung und früher war es Sherlock Holmes, der pfeifenrauchende, intellektuelle Supermann unserer Eltern. Solche Helden machen Filmgeschichte. Sie sind einprägsam. Wir wissen aber auch alle, dass wir nicht Supergirl oder Superman sind, und trotzdem identifizieren sich ganze Generationen mit ihnen. Solchen Tagträumen stehe ich skeptisch gegenüber. Meiner Erfahrung nach dürfen und sollen wir zwar ruhig kühn in unseren Vorstellungen sein, aber bitte nicht zu kühn. Ich möchte Sie mit dieser Warnung keineswegs auf das langweilige Mittelmaß reduzieren, aber bedenken Sie bei der Bearbeitung Ihrer Filme immer, dass Sie sich selbst überzeugen müssen. Wer sich mit den Göttinnen und Göttern der Leinwand oder der Regenbogenpresse völlig identifiziert, der fällt der Inflation anheim und vereinsamt.

Welche Filme haben Sie am meisten bewegt? Es sind doch die Filme, in denen Sie sich mit einer der Hauptpersonen identifizieren können. Mit Frankenstein oder Luke Skywalker, dem todesmutigen Kämpfer für das Gute aus Star Wars, fällt mir die Identifikation schon schwerer. Wenn Ihre Filmrolle zu weit von der Wirklichkeit oder Ihren realen Möglichkeiten abweicht, verliert sie ihre psychologische Wirkung. Ich empfehle Ihnen, nur maßvoll von der Realität abzuweichen, aber nicht vollständig. Was Sie nun als maßvoll empfinden, hängt von Ihnen ab. Es ist schwer, das allgemeingültig zu definieren. Am besten halten Sie sich an folgende Faustregel: Was Sie unter den günstigen Bedingungen und in Ihrer besten Form für möglich halten, dass es Ihrem vollen Potential entspricht, das können Sie beruhigt in Ihren Träumen spielen. Und wenn Sie das öfter spielen, werden Sie Ihre Grenzen bald ausweiten und der Erfolg wird Ihnen zufliegen. Gehen Sie weit darüber hinaus, wird Ihr Traum vom Erfolg wahrscheinlich zu einer abgehobenen Illusion verkommen, die Ihnen eher schadet als nutzt.

Was ich mit Träumen alles bewirken kann

Das Träumen ist wie eine Pforte,
die sich in reale Welten öffnet.

Florinda Donner-Grau

Sabine schaut irritiert auf den Kalender. »Auweia, schon der 24. Januar – kann das denn wahr sein?!« Mit Schrecken stellt Sie fest, dass in zwei Tagen dieser pingelige Kunde seine Logo-Entwürfe sehen will. Sie schaut auf Ihren Bildschirm: gähnende Leere! Keine Idee ist in Sicht. Es ist zum Verzweifeln. Sie geht noch einmal das Briefing durch, in dem der Auftraggeber seine Dienstleistungen und das Image seiner Firma genau beschreibt. Nichts kommt – zumindest kein Bild, keine Idee, die nicht schon tausendmal verwertet wurde. Klugerweise wendet sich Sabine anderen Aufgaben zu und vergißt den vermaledeiten Auftrag.

Beim Abendessen fällt Ihr wieder dieses Logo ein. In Gefahr und Not ist meistens die Rettung nicht fern – »und warum nicht auf die Träume rechnen?« geht es Ihr durch den Kopf. »Bekommen nicht viele große Grafiker und Künstler Ihre Ideen im Traum? Warum nicht auch ich?« Da erinnert Sie sich daran, dass Ihre Freundin Uta Ihr doch vorige Woche erzählte, wie ihr ein wahnwitziger Traum half, mit Ihrem Freund über diesen ewig schwelenden Beziehungskrach zu reden. Sie sah plötzlich die ganze Misere in völlig anderem Licht – verblüffend! »Also warum soll ich nicht auch im Schlaf Einfälle für dieses blöde Logo bekommen. Das ist doch längst nicht so komplex wie eine Beziehung, die doch sowieso keiner durchschaut!« mit diesen Worten schläft sie ein.

Naja, Sie werden es schon vermuten: Der Traum kam und inspirierte Sabine. Der Kunde war sogar zufrieden, wenn er auch – nach Sabines Meinung – den schwächsten Entwurf aussuchte.

Unsere inneren Filme präsentieren uns einen originellen Blick auf unsere Umgebung und uns selbst.

Sie präsentieren uns Probleme mit dem kreativen, unbelasteten »Kinderblick«, der zu ungeahnten Lösungen führt.

Voraussetzung für solche inspirierenden Filme ist ein Vertrauen darin, dass sie einem helfen werden.

Unsere inneren Filme können uns helfen, unseren Alltag leichter zu bewältigen. Aber wie das Beispiel von Sabine zeigt, benötigen Sie Zuversicht dazu. Vertrauen in Ihre eigene innere Regisseurin ist von Nöten. Der Traum kann den notwendigen Durchbruch forcieren und äußere Erfolge herbeiführen. Das tat er bei Genies wie Einstein, Kekulé von Stradonitz, Tesla und vielen Künstlern, bei Werbeleuten, bei Sabine und Menschen wie Du und ich. Wie gesagt, wichtige Entscheidungen sollten zunächst einmal überschlafen werden. Das bedeutet, geben Sie Ihren inneren Filmen eine Chance, und sie werden wie die Kölner Heinzelmännchen Ihre Arbeit des Nachts übernehmen. Und nicht nur das: Sie werden Ihnen erstaunlich kreative Lösungen präsentieren, die Ihnen wachend nie eingefallen wären.

Eine Entscheidung erst einmal zu überschlafen, bewahrt uns auch davor, etwas zu überstürzen, sich also zu entscheiden, bevor man überhaupt dazu bereit und fähig ist. Der Traum gibt uns neue Perspektiven und damit können wir uns sicherer und erfolgreicher entscheiden. Wir leben oft wie in einem Gefängnis, wobei sich die Gitter und fest verschlossenen Türen in uns befinden. Wir richten es uns in diesem Kerker häuslich ein. Außerhalb von ihm fängt jedoch erst die wahre Kreativität an. Der Ausbruch aus diesem Gefängnis bringt Erfolg, denn er überwindet unsere Tunnelsicht. Der nächtliche Traum hilft, die Außenwelt in all ihren Möglichkeiten zu sehen. Und das in origineller und zugleich inspirierender Weise. Unseren inneren Filmen wohnt nämlich etwas Unkonventionelles inne, deswegen wirken sie oft unverständlich – allerdings nur auf den ersten Blick. Wie ein guter Film zeigen uns die Träume unsere Probleme in Kinderart – so als wüßten Sie nicht, wie man etwas tut. Sie regen uns an, mit unschuldigem Auge zu sehen. Dieser unschuldige Blick ist nie der konventionelle, sondern ein kreativer Blick, der mit Fakten, Eindrücken und Gefühlen spielt und somit zu einer schöpferischen Neubewertung der Situation führt. Besonders in der heutigen Zeit, die ständig nach Neuem giert, führt solch ein Blick zum Erfolg.

Die DreamCreativity®-Methode betrachtet deswegen vorzüglich, was wir neues im Traum wahrnehmen. Das ist der Schlüssel zu verblüffenden Problemlösungen. Es hat sich bewährt, die Betrachtung Ihrer Filme dort zu beginnen, wo Neues und Unerwartetes auftaucht.

Um diese besondere Sicht des Traums produktiv nutzen zu können, achten Sie speziell auf

- Verhaltensweisen der Traumpersonen, die Ihnen fremd, bizarr oder unerwartet vorkommen: Was können Sie von diesen Traumpersonen lernen?
- eine Darstellung der Situation oder Ihres Problems, die Ihnen fremd oder gar verrückt vorkommt: Was hielt Sie davon ab, diese Sichtweise nie zuvor zu berücksichtigen?
- grundsätzlich alles, was Ihnen unverständlich, seltsam oder chaotisch vorkommt: Können Sie das auf Ihr Problem oder Ihre Situation beziehen?
- alle Einfälle, die Ihnen unmittelbar nach dem Traum in den Sinn kommen.

»Du sollst nicht träumen! Von heut an wird nie wieder geträumt!« mit diesen Worten hat der einflussreiche Begründer der Altertumswissenschaften Friedrich August Wolf seine Tochter Wilhelmine diszipliniert, als sie ihrer Schwester einen Traum erzählte. Wilhelmine soll seitdem nie wieder ihre Träume erinnert haben. Wolf hat sich mit diesen Worten zum damaligen Rationalismus bekannt und Träume als unerwünschte Regungen des verworrenen Seelenlebens abgetan.

Warum geschah das?

Wolf war als Altertumswissenschaftler und auch in seinem Alltagsleben ein höchst konventioneller Mensch. Das Unkonventionelle des Traums erschien ihm geradezu als revolutionär. Und damit hatte er klar erkannt, was wir heute am Traum lieben: Er bringt uns auf neue Ideen und Gedanken.

Verhalten Sie sich nicht wie Wolf. Vor bisweilen chaotischen Träumen Angst zu haben, bedeutet zugleich, sich vor seinem eigenen kreativen Potential zu fürchten. Und hier spreche ich nicht nur von den nächtlichen Träumen, sondern auch von unseren Phantasien am Tag. Wenn Sie das nächste Mal vor einer Entscheidung stehen, raten Sie doch einfach, was gut wäre zu tun. Nehmen Sie dazu möglichst ohne Bewertung den ersten Gedanken, die erste Phantasie, die in Ihnen hochsteigt. Betrachten Sie Ihre Idee genauer. Verändern Sie in Ihrer Phantasie die Details und passen Sie diese an die Wirklichkeit an oder verwerfen Sie sie. Solche Gedankenexperimente, die unseren inneren Filmen entspringen, liebten Einstein und die meisten erfolgreichen Erfinder. Auch Sie können stets so vorgehen, wenn Sie sich entscheiden müssen, sich aber nicht entscheiden können, oder wenn Sie sich über schwierige Aufgaben Klarheit verschaffen wollen. Kreativitätsforscher wie der Amerikaner Mihaly Csikszentmihalyi haben festgestellt, dass bei einem solchem »Phantasieren« die Fehlerquote keineswegs höher liegt, als wenn Sie sich rational zu entscheiden bemühen. Wenn Sie Ihre inneren Filme in einen Experimentalfilm verwandeln, werden Sie eher erfolgreiche Einfälle bekommen, als wenn Sie Ihre Probleme Schritt für Schritt logisch lösen wollen. Das empfahl einst schon Pythagoras, von dem berichtet wird, dass er seinen Schülern empfahl, sich Träume zu bestellen, in denen sie Gedankenexperimente durchführen sollten.

Träume können wie Experimentalfilme genutzt werden: Man spielt in Ihnen unterschiedliche Möglichkeiten durch und lässt sich durch Ihren Ausgang inspirieren.

Wer grundlegend Neues erforschen oder erschaffen möchte, kommt ohne solche Gedankenexperimente auf der Traumebene nicht aus. Ohne Experimente bleibt man im Gewohnten und Konventionellen stecken.

Traumhaftes und Logisches verbinden sich im Idealfall, in dem Sie sich durch Ihre inneren Filme inspirieren lassen, die Sie dann wieder durchdenken. Pendeln Sie zwischen Tagtraum und Logik hin und her, erreichen Sie womöglich eines Tages das Ideal des voll entwickelten Individuums, wie es Carl Gustav Jung sah. Sie verweben Ihre weibliche und männliche Seite miteinander. Ein solches Individuum besitzt die Chance, sehr erfolgreich zu sein, zum einen da es sich selbst vollendet hat und zum anderen da es beweglich, offen und mutig ist, Möglichkeiten zu erkennen und wahrzunehmen. Wolf liegt also mit seiner Warnung vor der Traumwelt falsch. Kekulé von Stradonitz sah klarer, wenn er nicht ganze einhundert Jahre später den führenden Wissenschaftlern seiner Zeit riet: »Lernen wir wieder zu träumen, meine Herren!« Ohne den inneren Film des Traums gibt es keine Vision und ohne Vision entsteht kein Fortschritt. Auf dem Weg zum Neuen kommen Sie nicht am Traum vorbei. Begrüßen Sie die Vieldeutigkeit des Traums und bedenken Sie immer, dass Eindeutigkeit ein Zeichen von Schwäche und Beschränktheit ist. Nur das Paradoxe vermag die Fülle des Lebens zu erfassen! Es ist die spezielle Mischung der Bewusstseinsebenen im Traum, die uns die Augen öffnet und wie ein Weitwinkelobjektiv wirkt.

Träumen ist eine Art zu sehen, bei der unsere Perspektive erweitert wird.

> Mit dem Traum reichern wir unsere Perspektiven an.
> Träumen ist eine Art zu denken, bei der unser Kopf ganz von selbst denkt.
> Träumen ist eine Art zu fühlen, bei der unser Herz sich ungehindert ausdrückt.
> Träumen heißt Experimentieren.

Der Mensch ist ein Augentier: Wir sind, was wir sehen. Deswegen sind unsere inneren Filme so wichtig: Was wir wahrnehmen, prägt unser Bewusstsein. Statt der täglichen Ration Werbung sollten Sie sich lieber die tägliche Dosis Traum gönnen - ob es der innere Film am Tag ist oder der nächtliche Traum, spielt dabei keine Rolle. Träumen erweitert Ihren Horizont. Nacht- wie Tagträumen vergrößern unsere Wahrnehmung, bis die Wahrnehmungsgrenze des uns begrenzenden Verstands überschritten ist. Der Traum ist wie eine Brille, mit der wir weiter sehen können, mit der unser Sichtfeld erweitert wird.

Vision, Überblick und Wahrtraum

Je reiner der innere Zustand,
desto klarer die Vision
Peter Brook

In der Werbung einer großen deutschen Bank heißt es: »Wenn meine Kunden ihre Rechnungen nicht bezahlen, kann ich nicht schlafen. Wenn ich nicht schlafe, kann ich nicht von der Zukunft meiner Firma träumen.«

Es liegt auf der Hand, was hier gesagt werden soll: Wer nicht von der Zukunft seiner Firma träumt, wird keinen Erfolg haben. Der Traum hat für den wirtschaftlichen Erfolg Priorität. Das sagt keineswegs ein »Psycho-Freak«, New Agler oder Therapeut, sondern die deutsche Hypobank. Erstaunlich, nicht?!

Mit dieser Ansicht stehen die Banker in einer langen Tradition: Unsere inneren Filme wurden schon von den Neuplatonikern als ein Vorspiel für wichtige Ereignisse gesehen. Wer sie nicht beachtet, stolpert blind als willenloses Werkzeug der Götter in die Zukunft – und das endet meistens tragisch!

Da sind sich Banker und Philosophen einig: Unsere inneren Filme im Tag- und Nachtprogramm schwingen uns auf Kommendes ein und bereiten uns auf Problemlösungen vor. All unsere Entscheidungen, unser gesamtes Leben wird darunter leiden, wenn uns eine Vision fehlt. Ohne den Traum als seinen intimen Berater quält man sich fürchterlich mit Entscheidungen, die man eigentlich gar nicht treffen kann, da man sein Ziel nicht wirklich kennt. Unsere inneren Filme assistieren uns bei der Zielfindung, sie verschaffen uns den Blick in die Zukunft und helfen uns, den Überblick nicht zu verlieren. Mehr kann man von einem Berater wirklich nicht verlangen. Der Standpunkt der Bank wird deutlich: Der Traum ist unser bester Wirtschaftsberater, der uns dazu noch kostenlos täglich aufsucht. Und es sind nicht nur wirtschaftliche Lehrfilme, die uns vorgeführt werden, auch »Szenen einer Ehe« und andere Beziehungsfilme sind im Angebot. Was es im Alltagsleben nicht gibt, hier haben wir es: den universellen Berater. Unsere Träume beraten uns unangemeldet und ungefragt in bezug auf alle unsere akuten Probleme.

Warum kann uns der Traum helfen?

Der Traum besitzt einen größeren Überblick über unser Leben als wir selbst – wenn wir im Tagesbewusstsein »dahindämmern« (was wir häufig für »denken« halten). Dieses Dahindämmern besteht nämlich in einer Identifikation mit uns und unserem Bild von der Welt, das uns hysterisch blind macht. Der Traum macht uns wieder sehend, indem er uns gerade diese Identifikation vor Augen hält.

Visionäre Träume öffnen uns für eine bewusstere Welt, die nicht den Einschränkungen unserer Gewohnheiten unterliegt. Im visionären Traum drücken sich die höchsten Wahrnehmungszentren unseres Gehirns aus.

»Wieso helfen uns unsere Träume?« Aristoteles antwortete auf diese Frage kurz und bündig: Durch Traum wird der Geist klüger. Heute drückt die *Mastery-Hypothese*[6] der Traumforscher das Gleiche nur etwas zeitgeistiger aus: Traumen steigert Problemlösungsfähigkeiten durch Probehandeln. Träumen ist ein *Brainstorming* der Psyche.

> Unsere inneren Filme gehen auf eine hervorragende Menge persönlicher und überpersönlicher Informationen zurück.
> Diese Informationen werden in Bildern gespeichert, da so auf kleinem Raum größte Mengen komplexer Informationen untergebracht werden können.

41

> Die Verarbeitung dieser Informationsmenge in Bildern gibt dem Betrachter die Möglichkeit, einen Überblick über sein Leben zu bekommen und gesicherte Zukunftsprognosen zu wagen.

Wir sind so stolz auf den Stand unserer postmodernen Informationsverarbeitung. Aber wir sind blind, denn gerade diese Informationsverarbeitung begrenzt uns. Sie missachtet nämlich unsere wichtigste Ressource, unser Unbewusstes. Wer seine wichtigste Ressource vernachlässigt, der betreibt Sisyphos-Arbeit. Er kann sich noch so anstrengen, dem Erfolg wird er nicht näher kommen. Dabei ist es völlig egal, ob wir den äußeren oder inneren Erfolg im Blick haben. Seine Arbeit bleibt ungenügend.

Die inneren Filme können uns helfen, da der innere Regisseur im Menschen alle wichtigen Informationen in Bilderwelten verarbeitet. Ihm steht der Fundus des persönlichen und kollektiven Unbewussten zur Verfügung. Aus dem persönlichen Unbewussten, dem sich Sigmund Freud ausführlich zuwandte, kann er all das beziehen, was der Träumer oder die Träumerin im alltäglichen Leben nicht sehen will. Daher kommt der Überblick: Was wir übersehen, ist dem Traum zugänglich. Der innere Regisseur verhält sich wie die gute Sekretärin, die ihren Chef daran erinnert, was er im Stress des Alltagslebens längst vergessen hat. Zugleich besitzt er noch den Zugang zu dem Informationspool des kollektiven Unbewussten. Dort sind alle existentiellen Erfahrungen gespeichert, welche die gesamte Menschheit in ihrer Geschichte sammeln konnte. Aus diesem Überblick heraus kann er auf Grund persönlicher und überpersönlicher Erfahrungen hochrechnen, mit welcher Wahrscheinlichkeit ein bestimmtes Verhalten erfolgreich oder ein Reinfall wird. Es ist also keine Hexerei, dass unsere inneren Filme in die Zukunft blicken können. Es beruht auf einer hervorragenden Informationsfülle, die der des Internets bei weitem überlegen ist. Wer so hervorragende Daten besitzt, der kann sich risikolos an Zukunftsprognosen wagen. Und ist es nicht töricht, diese Zukunftsprognosen nicht zu nutzen?

Als Iris den Tisch abwischt, sieht sie sich plötzlich als Redakteurin Ihrer Lieblingszeitschrift die passenden Bilder für einen Artikel auswählen. Sie war seit einem halben Jahr mit ihrer Arbeit als freie Fernsehjournalistin unzufrieden. Der Druck wurde immer stärker, das Arbeitsklima rauer, und Aufträge gab es auch nicht mehr so leicht wie früher. Was sollte sie tun? Sie musste sich bald verändern, denn die Jüngste war sie auch nicht mehr. Bei diesem Blick in die

Zukunft lief es ihr heiß den Rücken herunter. Redakteurin bei einer Zeitschrift zu sein, das würde ihr Spaß machen, dass sie daran nicht vorher gedacht hatte. Und Sie hatte doch Verbindungen über ihre Freundin, die schon lange in diesem Beruf arbeitete.

Auf solch einem Blick in die Zukunft basieren unsere Visionen. Stellen Sie sich jedoch unter Visionen nicht gleich etwas vor, das nur Heilige oder Spinner heimsucht. Jeder Mensch bekommt häufig derartige utopische Phantasien. Wenige jedoch nehmen wir ernst.

Eine Vision ist ein Einfall, der Ihnen eine Lebensperspektive gibt. Sie kommt wie der Kuss der Muse einem flüchtigen Hauch gleich, und es hängt von Ihrer Aufmerksamkeit ab, diese Vision zu erkennen, sie im Gedächtnis zu halten und sie eventuell weiterzuspinnen und sich um ihre Umsetzung zu bemühen.

Visionen sind utopische Träume.

Tagtraum, nächtlicher Traum und Vision gehen ineinander über.

Sie beruhen letztendlich alle auf unserer Phantasie.

Visionen sind häufig Zusammenfassungen vieler Träume, und jeder einzelne Traum bietet wahrscheinlich Bausteine zu einer Vision – wenn wir danach suchen.

Sie werden wahrscheinlich nicht gleich Ihren Geschäftsplan detailliert mit Liquiditätsrechnung, Gewinnerwartung und Investitionsplan träumen – auch so etwas kommt freilich vor, allerdings ähnlich selten wie ein Lottogewinn. Ihre Vision wird eher als kurze Einsicht aufblitzen, wenn Sie entspannt vor sich hinträumen, oder sie wird sich nachts in symbolischen Träumen zeigen. Selbst so berühmte Heilige wie Mutter Julian von Norwich (erste Frau, die in England ihre Schriften veröffentlichte) setzten ihre Visionen Stück für Stück aus vielen inneren Filmen zusammen – warum verhalten Sie sich nicht genauso? Hätte Iris ihre kurze Vision nicht beachtet, würde sie immer noch unzufrieden auf »die (Fernseh-)Anstalten« schimpfen. Mit der Hilfe ihrer Freundin und weiterer Träume hat sie statt dessen ihren Traumjob bekommen.

Die Grenze zwischen Phantasie, Traum und Vision ist fließend. Da gibt es keine harten Übergänge oder eindeutigen Abgrenzungen. Heidi träumte, dass sie eine Expedition leitet. Sie sitzt im Bus mit vielen anderen Expeditionsteilnehmern, unter denen sich zwei berühmte Professoren befinden. Es geht in die Wüste. Auf der Fahrt ist es als Expeditionsleiterin ihre Aufgabe, sich den anderen gegenüber durchzusetzen. Das fällt ihr schwer, da sie befürchtet, den ehrwürdigen Professoren vor den Kopf zu stoßen, weil ihnen doch eigentlich die Führung dieses Unternehmens zusteht. Es gelingt ihr nicht, sich durchzusetzen. In der Oase, die sie am Abend erreichen, gibt sie die Anweisung, dass die Gruppe unbedingt zusammenbleiben soll. Aber man hört nicht auf sie. Im schattigen Basar feilscht sie schließlich alleine in Begleitung eines anderen Teilnehmers, der aber auch bald verschwindet.

So träumte Heidi in einer klaren Vollmond-Nacht. Seit ihrem fünfunddreißigsten Lebensjahr versuchte Sie wie Iris, eine neue Lebensperspektive zu bekommen. In kurzen Gedankenblitzen, Tagträumereien und geistigen Abwesenheiten hatte Sie schon öfters an ihre früheren Reisen durch die Sahara gedacht. Sie sehnte sich in das Land von tausendundeiner Nacht zurück. Bisweilen hatte sie verträumten Blicks davon gesponnen, mit den Tuareg durch die Sahara zu ziehen, eine Karawane nach Timbuktu zu führen – »Aber das ist alles Flucht«, wehrte sie sogleich ab, »als Frau hast du in der Wüste nichts zu sagen.«

Charakteristisch ist an diesem Traum, den Heidi in Einzelheiten behielt, dass er die Szenerie ihrer Träumereien wieder aufgreift. Visionäre nächtliche Träume pflegen das häufig zu tun. Sie fassen kleine Bausteine einer Vision – die selten nur wie bei Iris sogleich als solche erkannt wird – zu einem ausführlichen Film zusammen.

Der innere Regisseur besetzt Heidi als Expeditionsleiterin. Allerdings muss sie noch einiges lernen. Sie behindert sich selbst mit ihren Minderwertigkeitsgefühlen angesichts der wissenden Männer, den »ehrwürdigen Professoren«, wie sie sie nennt. Ihr gelingt es auch nicht, die Gruppe zusammenzuhalten. Sie kann sich kein Gehör verschaffen. Der innere Traum zeigt ihr so eindringlich, wo es langgeht: Sie muss lernen, sich durchzusetzen, erst dann kann sie Menschen führen. Und da wir uns in der Wüste befinden, wird Heidis Erdung angesprochen. In der Wüste gibt es ja weitgehend nur Sand, eine besondere Form der Erde, sonst nichts. Und dann endet der Film mit dem Hinweis, dass es doch nicht darum gehen kann, um kleine Dinge zu feilschen und im Großen zu scheitern.

Verabschieden wir uns nun von der negativen Sicht dieses Traumes und nehmen Heidis »Fehler« als Lernmöglichkeit:

Heidi kann nicht nur als Traumperson lernen, sich durchzusetzen – und zwar den Gebildeten gegenüber, vor denen sie Ehrfurcht beigebracht bekommen hat. Und nicht aus Zufall sind das auch zugleich noch Männer, denen gegenüber sich Heidi unterlegen fühlt. Dass Sie in diesem Film jedoch als Leiterin auftritt, weist auf die Rolle hin, in die sie hineinwachsen wird oder zumindest kann. Selbst Stanley und Mungo Park wurden nicht als Expeditionsleiter geboren. Das ist eine Aufgabe, in die man – wie in jede Arbeit – hineinwachsen muss. Aber Heidi hat Glück, der Traum zeigt ihr überdeutlich, welche Fähigkeiten sie sich dazu noch aneignen muss.

Da Heidi Kunstgeschichte und Geographie studiert hatte, wurde ihr durch diesen Traum klar, was ihre Lebensperspektive ist: Gruppen durch die Wüste zu führen, in der sie sich bestens auskennt. Die Lernaufgaben, die sie bei jedem anderen Beruf auch zu meistern hätte, nahm sie freudig an. Sie wurden zu ihrer persönlichen Vision: Eine geerdete Frau, die sich durchsetzen kann, Führungsqualitäten aufweist und mit Männern ein »lässiges Verhältnis« – wie sie sich ausdrückte – aufbauen kann.

Sind wir nicht alle neugierig, was aus solchen Lebensträumen oder Visionen wird? Heidi führt heute – etwa zehn Jahre nach diesem Traum – ein originelles Geschäft in Hamburg, das Teppiche und Kunstgegenstände aus der Sahara importiert. Drei Jahre lang führte sie für ein Reisebüro Gruppen durch die Wüste, bevor sie sich selbständig machte.

Nehmen Sie sich an Heidi und Iris ein Beispiel: Wenn zuvor aufgetauchte Gedankenblitze, Ideen und Spinnereien in einem inneren Film aufgegriffen werden, sollten Sie stets prüfen, ob dieser Traum nicht ein Baustein Ihrer Lebensvision sein könnte. Heidi hätte Ihre Träumereien als Folklore oder Wunschtraum abtun und vergessen können und würde weiterhin in ihrer Kellerwohnung in Frankfurt unbegabten Kindern das Zeichnen beibringen und in der Volkshochschule Kunstgeschichte lehren. Heidi und Iris haben ihre Träume zu ihrer Lebensvision gemacht. Sie verstehen: Ein Traum bietet Ihnen einen Überblick, ob Sie ihn dann zu Ihrer Vision machen oder nicht, hängt von Ihnen ab. Viele Träume sind »visionsfähig«, aber wenige Träumer ergreifen die Chance.

Wenn Sie einen visionären Traum haben, können Sie wie in unseren beiden Beispielen auch Ihre Ziele bestimmen, und dann besteht eine große Wahrscheinlichkeit, dass sich Ihre Träume erfüllen. Wenn man weiß, was man möchte, wozu man sich etwas wünscht und möglichst auch, warum man es sich wünscht, dann ist fast jeder Lebenstraum umsetzbar. Das spüren Sie wahrscheinlich wie die meisten Menschen. Aber manch einer hat Angst vor seiner Vision: Sie könnte sich ja erfüllen. Das bedeutet freilich Arbeit – aber für seine utopischen Träume zu arbeiten, macht Spaß.

Allerdings ohne Arbeit wird sich eine Vision niemals umsetzen, selbst wenn Sie den besten Überblick und die tiefsten Einsichten in Ihr Leben bekommen.

Der Wahrtraum

Das wohl rätselhafteste Phänomen rund um den Traum ist der Wahrtraum. Wahrträume, die auch vorausweisende Träume genannt werden, bewegen das Gemüt aller am Traum Interessierten.

Stellen Sie sich vor, Sie könnten die Lotto-Zahlen oder gar die Börsenkurse vorausträumen. Der Erfolg wäre Ihnen sicher. Ich muss Sie jedoch enttäuschen, leider wird das selbst dem größten »Traumweltmeister« nicht gelingen. Dennoch: Wahrträume sind gar nicht so selten. Speziell aus dem klassischen Altertum sind uns eine Fülle vorausweisender Träume überliefert. Alexander der Große träumte seine Siege und seine Niederlage voraus, Cäsar seine Ermordung und selbst die Träume von Heidi können als vorausweisende innere Filme angesehen werden. Heidis Traum nahm nicht nur ihre Tätigkeit, sondern auch ihre anfänglichen Schwierigkeiten voraus. Es gibt allerdings noch viel direktere Wahrträume, die ihren Träumern allerdings auffallend häufig nicht zum Erfolg verhelfen. Das hat einen einfachen Grund: Ob ein Traum ein Wahrtraum oder »nur« ein symbolischer Traum ist, kann mit Sicherheit erst im nachhinein gesagt werden. Die meisten Wahrträume werden nicht als solche wahrgenommen (bevor das vorausgesagte Ereignis eintritt) – man erkennt sie nicht, man traut ihnen nicht. Das liegt weitgehend daran, dass wir keine Voraussagen in unseren inneren Filmen erwarten – und was wir nicht erwarten, das nehmen wir auch meistens nicht wahr.

Träume können in die Zukunft blicken.
Vorausweisende Träume sind jedoch erst im nachhinein als solche eindeutig identifizierbar.
Suchen Sie deswegen in jedem Traum nach möglichen Voraussagen – steigern Sie sich aber nicht hinein! Es kommt bei dem Umgang mit Träumen stets auf ein vernünftiges Maß (den berüchtigten goldenen Mittelweg) an.
Wahrträume verweisen uns eher auf Erfolgschancen, als dass sie uns vor Unglück warnen.

Gehen Sie davon aus, dass jeder Ihrer Filme auch einen voraussa-
genden Anteil aufweisen kann. Nach jedem Entschlüsseln der
Traumsymbole gehen Sie noch einmal Ihren gesamten Film durch.
Verlassen Sie sich nun völlig auf Ihre Intuition: Wo haben Sie das
Gefühl, dass es sich um eine Voraussage handeln könnte? Gehen Sie
diesem Gefühl nach, wenn auch zunächst nur als Spinnerei. Spielen
Sie »was wäre wenn ...«. Wer eine Ahnung von seiner Zukunft hat,
den überrascht sie nicht bis zur Verwirrung!

Nach meiner Erfahrung mit hunderten von Träumen deuten die
Wahrträume eher Erfolgschancen an, als dass sie die Träumerin oder
den Träumer warnen. Also: Sehen Sie sich diese Nacht im Sarg liegen und die Würmer beginnen sich schon für Sie zu interessieren,
dann wird das mit ziemlicher Sicherheit nicht auf Ihren baldigen Tod
verweisen. Der eigene Tod tritt nur äußerst selten in unseren inneren
Filmen auf. Horrorfilme mit tödlichem Ausgang sind stets ein Zeichen für eine unhaltbare Situation, die Sie unbedingt ändern sollten
– oder müssen Sie sich selbst dringend ändern?

Grundlegende Änderungen – soweit sie überhaupt möglich sind –
führen zwar oft zum äußeren Erfolg, aber sie werden in unseren
inneren Filmen als Sterben erlebt. Unsere alte Persönlichkeit stirbt
und der innere Regisseur beginnt Graf Dracula oder andere Horrorfilme zu inszenieren.

Grenzen der Traumarbeit

Mittelklässler haben nun
einmal mittelständische Träume.
Florinda Donner-Grau

Wir können viel erreichen - meist mehr, als wir glauben. Aber wir
können nicht alles erreichen. Wir können nicht die Sterne vom Himmel holen, nicht alles möglich machen. Von diesem naiven amerika-
nischen Traum, dass alles, was wir wollen, auch erreichbar sei, müssen wir uns verabschieden. Natürlich sind uns Grenzen gesetzt,
durch die Natur, durch gesellschaftliche und ökonomische Verhält-
nisse. Aber innerhalb dieser Grenzen ist der Spielraum größer, als
wir meistens annehmen. Erfolgreich unser Leben zu gestalten,

bedeutet auch, zu wissen, wo wir etwas ändern können und müssen und wo uns Begrenzungen gesetzt sind. Diese Begrenzungen sollten akzeptiert werden, sonst werden wir sicher scheitern.

Risiko-Gruppen

Sie erträumen sich Ihren Erfolg. Sie nutzen konsequent Ihre inneren Filme. Dabei haben Sie mit keinen Risiken zu rechnen – außer, dass Ihre Träume womöglich in Erfüllung gehen.

Diese Aussage gilt für die meisten Menschen – oder um mit Freud zu sprechen: für alle Neurotiker, kurzum für Menschen wie Du und ich.

Für einige wenige Personengruppen ist die ausgiebige Beschäftigung mit Ihren inneren Filmen jedoch Gift. Dazu gehören

- Psychotiker,
- Menschen in akuten starken Verwirrtheitszuständen,
- Personen, die landläufig als »abgehoben« charakterisiert werden, also diejenigen, die häufiger in ihren Gedankenwelten als in der Wirklichkeit leben.

Ordnen Sie sich einer dieser »Risiko-Gruppen« zu, ist es für Sie wichtiger, sich direkt mit der Alltagsrealität auseinander zu setzen, als nach innen zu schauen. Der Erfolg wird Ihnen winken, wenn Sie gerade das nicht tun, was ich Ihnen hier rate – nämlich auf Ihre inneren Filme zu achten.

Die geniale Psychoanalytikerin Lou Andreas-Salomé, die viel Erfahrung mit Künstlern besaß, schockierte Freud mit ihrer Behauptung, dass Künstler ihre Träume nicht analysieren sollten. Der Künstler und Kreative arbeitet erfolgreich, indem er zwar seine inneren Filme wahrnimmt, diese aber nicht zu verstehen sucht. Er sollte seine inneren Filme umsetzen. Sie zu analysieren würde jedoch ihre Umsetzung blockieren. Der Regisseur David Lynch – ein wahrlich Oberkreativer – lehnt es schlichtweg ab, seine geliebten Träume zu analysieren. Träume müssen nicht unbedingt analysiert, sondern umgesetzt werden. Das ist das Credo aller Kreativen, das in dem Ausspruch des Designers Alberto Alessis mündet: »Wir produzieren keine Objekte, sondern Träume.«[7] Und wer Träume produziert, der braucht sie nicht zu zerfleddern – aber nein, gegen Traumdeutung ist nichts einzuwenden – nur manchmal kommt man auch ohne sie weiter. Aber es ist dennoch charakteristisch für alle Kreativen – ob Alessi oder Lynch –, dass sie sich bestens in der Traumdeutung auskennen.

Wenn Sie also auch so ein »Kreativling« sind, werden Sie erfolgreichere Werke produzieren, wenn Sie die Symbolstruktur Ihrer inneren Bilder nicht hinterfragen – aber kennen. Es ist dann nicht die Frage, was die Symbole im einzelnen bedeuten, sondern wie diese Symbole ästhetisch in einem Kunstwerk zu nutzen sind.

Der innere Film als Herausforderung

Träume gebärden sich nicht wie der Obervater. Sie sind kein patriarchaler Gott. Sie schreiben Ihnen nicht vor, wie was wann zu tun ist. Träume gleichen viel eher dem weisen Ratgeber, der Ihnen Anregungen gibt, oder der Muse, die Sie inspiriert. Träume machen Vorschläge, geben uns Hinweise, aber sie sagen uns keineswegs offen heraus, »wo es lang geht«. Unsere inneren Filme geben uns zwar die Richtung an, sie nehmen uns jedoch nicht an der Hand, um uns wie Kinder zum Erfolg zu führen. Sie müssen die Symbolsprache Ihrer Bilder schon selbst verstehen. Und den Weg zum Erfolg müssen Sie selbst gehen. Allerdings verläuft man sich nicht so leicht, wenn man den Wegweisern folgt. Unsere inneren Filme sind solche Wegweiser zum Erfolg.

Sie treffen vor dem Gemüsestand auf dem Markt einen Mann, der Ihnen den Atem raubt. Sie sind völlig verwirrt. Sie werden rot wie ein kleines Mädchen und können gar nicht aufhören, ihn anzusehen.

Sie wissen nichts über diesen Mann. Er ist der mysteriöse Unbekannte, Mister X. Sollen Sie versuchen, ihn wiederzutreffen? Vielleicht wäre es nächsten Samstag an dem schicksalhaften Gemüsestand günstig?

»Männer sind entweder in festen Händen oder mit ihnen stimmt etwas nicht«, geht es Ihnen durch den Kopf.

Wie sollen Sie sich entscheiden?

In einer derartigen Situation können Sie sicher sein, dass Ihre inneren Filme Ihnen etwas einflüstern – bei Tag und Nacht. Sie werden Ihnen wahrscheinlich Ihre Gefühle deutlicher machen, bestenfalls helfen Sie Ihnen, Ihren Zwiespalt zu überwinden. Aber da verhalten sich unsere inneren Filme pädagogisch wie ein Therapeut.

Erwarten Sie keine Entscheidungen von Ihren Träumen! Der Traumwelt sind Entscheidungen fremd. Sie ist vielschillernd, denkt in Kategorien von »sowohl-als-auch«. Das »Entweder-Oder« der Entscheidungen ist ihr fremd.

Träume fällen keine Entscheidungen für Sie.
Sie sind dennoch ein Wegweiser zum Erfolg.
Sie zeigen Konsequenzen, Tendenzen , Wahrscheinlichkeiten.
Sie halten uns zum Lernen an – allerdings steht manchmal das Verlernen als wichtigste Lernaufgabe im Vordergrund.
Träume erziehen Sie, sich wie ein Erwachsener selbstverantwortlich zu entscheiden.

Ihre inneren Filme zeigen Ihnen Tendenzen. Sie lassen möglicherweise Konsequenzen dieser oder jeder Entscheidung anklingen. Heidi zeigten Sie, wo sie mit Schwierigkeiten zu rechnen hatte und lernen musste. Sie sagten Ihr aber nicht: »Ab in die Wüste! Werde Reiseleiterin in der Sahara.« Iris inspirierten sie, sich als Redakteurin zu bewerben. Auch hier sagten Sie nicht: »Bewirb dich schleunigst um deine Traumstelle!« Nach dem Schock am Gemüsestand werden Sie Ihnen wahrscheinlich Ihre wahren Bedürfnisse verdeutlichen. Vielleicht erinnern sie Sie an ähnliche Situationen und deren Ausgang, vielleicht stacheln sie Sie zu Kühnheiten an.

Wer nicht lernt, wird keinen Erfolg haben!

Eine der wichtigsten Voraussetzungen zum inneren und äußeren Erfolg ist unsere Lernfähigkeit. Unsere inneren Filme halten uns zum Lernen an. Zeitgenössische Traumforscher sind sich darüber einig, dass es die wichtigste Funktion unserer Träume ist, unser Lernen zu vertiefen. Wer wenig träumt, lernt langsamer. Deswegen achtet der Erfolgreiche stets darauf, welchen Lernimpuls ihm seine Träume geben. Allerdings – so bedauert der Aufklärer G.C. Lichtenberg in seinen »Sudelbüchern« – wird man oft aus Schaden und Fehlern nicht richtig klug, weil neuer Schaden und neue Fehler stets in anderer Form erscheinen. So pessimistisch würde ich die Lernfähigkeit des Menschen jedoch nicht sehen, aber zweifelsohne lernen wir nicht immer aus unseren Träumen und Fehlern. Heidi und Iris lernten aus ihren Träumen und waren erfolgreich. Hätte ihr Traum ihnen offen gesagt, wie sie sich entscheiden sollten, wäre wenig zu lernen gewesen. Würden unsere inneren Filme Verhaltensregeln gleichen, die uns klar vorspielen, was zu tun ist, wären Iris und Heidi nicht zum Lernen angeregt worden. Der Erfolg wäre ihnen versagt geblieben, denn das Lernen ist die Voraussetzung zum erfolgreichen Handeln. Auch unsere Frau am Gemüsestand würde stets das kleine Mädchen bleiben, wenn ihr der Traum die Entscheidung abnehmen würde. Keiner nimmt uns unsere Entscheidungen ab – auch wenn wir uns noch so sehr danach sehnen.

»Aber treffen wir überhaupt jemals Entscheidungen?« diese provokante Frage warf der Weisheitslehrer G.I. Gurdjieff in seinem Werk »Beelzebubs Erzählungen für seinen Enkel« auf und viele seiner Zeitgenossen standen Kopf. Zur Gründerzeit hatte die naive Ansicht Hochkonjunktur, dass wir uns permanent heldenhaft entscheiden und damit die Gesellschaft weiterbringen – dass es an den Abgrund war, wollte damals keiner sehen.

Mich reizt es auch, den advocatus diaboli (Anwalt des Teufels) zu spielen: Wir entscheiden uns höchst selten, vielmehr treffen sich Entscheidungen selbst – aber nur dann, wenn wir ihnen den Boden bereiten, indem wir uns mit vielen oder gar möglichst allen Möglichkeiten vertraut machen. An diesem »Bodenbereiten« haben unsere inneren Filme einen großen, wenn nicht gar den größten Anteil. Entscheidungen werden getroffen, wenn eine wesentliche Idee in unseren inneren Filmen die Wolke unserer vagen Wünsche durchbricht.

Die Uneindeutigkeiten des Traums sollten Sie immer als Lernchance zu nutzen suchen.

Frieder träumt vor sich hin: Ich liege in einem großen Raum im Erdgeschoss auf dem Sofa und schaue mir ein Bild mit einer goldenen Sonne an.

Frieder hat keine Ahnung, was ihm diese Filmszene sagen möchte. »Entspannung, Sonne, Ferien ...« fällt ihm ein. Aber was will ihm das sagen?

Er soll Ferien machen – aber die hat er doch gerade gehabt, und jetzt fühlt er sich wohl bei seiner Arbeit. Sie macht ihm Spaß wie nie zuvor. Oder sollte dieses Traumbild nur darauf verweisen, dass es ihm gut geht. Auch diese Möglichkeit verwirft Frieder. Er weiß, dass die inneren Filme uns stets etwas zeigen, was wir noch nicht wissen. Was uns sowieso klar ist, dafür benötigen wir keinen Traum!

Manche unserer inneren Filme verstehen wir einfach nicht. Wie wir es drehen und wenden, uns fällt rein gar nichts zu unserem Traum ein. Was tun?

Es ist sonnenklar: Ein unverstandener Traum lässt uns weder lernen, noch wird er uns zum Erfolg führen.

Den ganzen Tag über muss Frieder immer wieder an diesen Traum denken. Wie er ihn auch betrachten mag: kein Einfall kommt, es ist zum verzweifeln.

In solch einer Situation, in welcher der innere Film sich sein Geheimnis nicht entreißen lässt, sollte man fremde Hilfe aufsuchen. Wer mit anderen laut denkt, kommt viel weiter, als wenn er alleine nachsinnt.

Erzählen Sie unverständliche Träume Ihrem Freund oder Ihrer Freundin. Oder suchen Sie professionelle Hilfe auf – aber bitte, erst nachdem Sie sich eingehend mit diesem Traum beschäftigt haben.

Zwei Tage später wendet sich Frieder an eine Telefonberatung für Träumer. Bei diesem kurzen Gespräch wird ihm klar, dass es bei dem Traum um seine Männlichkeit geht. Die Sonne war für die Beraterin der Schlüssel: ein uraltes Symbol positiver Männlichkeit. Das Thema des Traums – Potenz und Erfolg stellen sich nur im entspannten Zustand ein – war Frieder einfach zu nah, um es zu erkennen.

Und dies ist ein Paradox des Verständnisses unserer inneren Filme: Was uns zu nah ist, übersehen wir oft. Es ist uns – vor uns selbst – peinlich. Dort haben wir einen schwarzen Fleck und benötigen deswegen Hilfe von außen. Wenn Sie in dieser Situation andere Personen fragen, können Sie Ihnen oft helfen. Wo Sie Ihren schwarzen Fleck haben, werden sie plötzlich klar sehen. Wichtig ist jedoch, dass Sie sich Ihren Traum nicht von dieser anderen Person deuten lassen. Der andere soll Sie inspirieren, das Verständnis kann und soll er Ihnen nicht abnehmen.

4 Jostein Gaarder: Durch einen Spiegel in einem dunklen Wort. (Hanser), München, Wien 1996, S. 102.
5 Als moderne und leicht handhabbare Traumlexika sind Klausbernd Vollmar: Das große Handbuch der Traumsymbole (Königsfurt 2000) und die Traumsymbol-Datenbank der Webside www.traumsymbole.de zu empfehlen.
6 Von Whright und Koulack 1987 zum ersten Mal in den USA vertreten.
7 Alberto Alessi: Ich habe einen Traum. In: Die Zeit, Nr. 47, Hamburg 18.11.99, S. 20.

DER ERFOLG

*Nicht die Höhe: der Abhang ist das
Furchtbare! Der Abhang, wo der Blick
hinunter stürzt und die Hand hinauf
greift. Da schwindelt dem Herzen vor
seinem doppelten Willen.*

Friedrich Nietzsche

Was ist Erfolg, das ist hier die Frage.

Vorigen Donnerstag traf ich meinen Freund Michael. Er strahlte.
Die Premiere »seines Stückes« war ein voller Erfolg gewesen. Seine
Regie wurde selbst von den bissigsten Kritikern gelobt. Die Schau-
spieler waren mitreißend, Bühnenbild und Beleuchtung brillant. Es
herrschte jene prickelnde Hochstimmung, die an Champagner denken ließ.

Erfolge muss man feiern. So trafen wir uns mit den beiden Hauptdarstellerinnen im indischen Restaurant. Das Gespräch sprang hin
und her, bis es bei der Frage »Was ist eigentlich Erfolg?« verharrte.

Erfolg – jeder jagt ihm nach. Jeder meint zu wissen, was Erfolg ist.
Der Traum vom Erfolg schien alle brennend zu interessieren – aber
zu unserer Verwunderung waren die Vorstellungen, was denn nun
ein echter Erfolg sei, verblüffend vage und unterschiedlich.

Michael war der Meinung, dass zum Erfolg eine Vision nötig sei.
Er erzählte wie seine erste Regiearbeit mit Spannungen in der
Schauspieltruppe und einer geplatzten Premiere endete. »Nicht dass
ich damals keine Vision gehabt hätte – ohne eine Vision könnte ich
gar nicht arbeiten«, bekannte er, »aber meine Vision war unvollständig. Ich verfiel in den typischen ›Alt-Achtundsechziger-Fehler‹.
Eine abstrakte Vision war da, aber ihr fehlte es an Fleisch.«

»Willst Du damit etwa sagen, man muss seine Träume in allen
Einzelheiten ausarbeiten, um sie erfolgreich realisieren zu können?«
fragte Olga.

»Klar, ich habe mir Schritt für Schritt die Präsentation dieses
Stückes erträumt. Das gibt mir Sicherheit ...«

»Und die Improvisation!« fällt Olga Michael ins Wort, »bei ihr
gab es doch offenen Szenen-Applaus!«

53

»Gibt es nicht einen unterschiedlichen Weg, wie Männer und Frauen zum Erfolg kommen?« gab Tessi zu bedenken.

»Und vielleicht ist es auch etwas ganz Unterschiedliches, was wir hier als Erfolg ansehen?« unterstützte Olga ihre Kollegin. »Was ist denn für Euch Erfolg?«

Die Frage stand im Raum.

Es gab viele Antworten: Erfolg ist, wenn ich mein mir selbst gestecktes Ziel erreiche. Erfolg ist, wenn ich über meinen eigenen Schatten springe. Erfolg ist, wenn ich mich anderen mitteilen kann, wenn meine Gefühle und Gedanken ankommen.

Wir konnten nicht lösen, was Erfolg ist. Dem einen ist der äußere, dem anderen ist der innere Erfolg wichtiger.

Erfolg ist vielschichtig.

Es gibt den äußeren Erfolg, der sich in Geld, Ruhm, Macht und Image zeigt.

Es gibt den inneren Erfolg, der sich in einer größeren Freiheit und einem Überspringen von psychischen Begrenzungen zeigt.

Was als Erfolg bewertet wird, ist auch geschlechtsspezifisch verschieden.

Es gibt nicht objektiv den Erfolg.

Für die meisten Menschen jedoch beinhaltet Erfolg:
- Verbesserung ihrer beruflichen Situation (berufliches Wachstum),
- Verbesserung ihrer finanziellen Sicherheit,
- Verbesserung ihres gesundheitlichen Zustands,
- größere Zufriedenheit,
- emotionale Ausgeglichenheit,
- ein befriedigendes soziales Leben.

Unsere innere Welt ist uns nicht mehr so nah und wichtig wie die äußere Welt, deswegen wird Erfolg häufig einseitig unter dem Aspekt des Geldes gesehen. Statt Sinn regiert das Geld, darüber lamentieren Philosophen, Psychologen und Theologen seit eh und je. Hermann Hesse und C.G. Jung wurden unter anderem so erfolgreich, weil sie die Sinnsuche in den Mittelpunkt ihres Schaffens rückten. Aber Sie waren auch Manager, die eine Bewegung aufbauten, die auch im ökonomischen Sinn erfolgreich wurde.

Wie hängt das nun alles mit unseren Traumwelten zusammen?

Beschäftigen wir uns mit unseren inneren Filmen bei Tag und Nacht stellt sich die Sinnfrage ganz automatisch. Eine wichtige Funktion unseres Innenlebens ist es, uns Sinnzusammenhänge zu präsentieren. Spätestens seit dem Ende des neunzehnten Jahrhunderts wurde jedoch im Mainstream die Sinnfrage mehr und mehr verdrängt. Als erfolgreich galt nicht mehr derjenige, der zumindest für sich seinen Lebenssinn gefunden hatte, sondern statt dessen der, der wirtschaftlich erfolgreich war. Der Herr über die Maschinen und die Finanzwelt wurde zum neuen Helden. Das rief natürlich eine Gegenbewegung auf den Plan: 1900 veröffentlichte Freud seine Traumdeutung, die zunächst keiner lesen wollte. Aber das sollte sich ändern: Etwa zwanzig Jahre später begann sich die psychoanalytische Bewegung zu formieren, die Erfolg als innere Entwicklung verstand. Der Sinn des Lebens bestand in der Arbeit an sich selbst. In dieser Arbeit war derjenige erfolgreich, der sich seine innere Freiheit erkämpfte. Ganz im Sinne von Spinoza (der als Vorläufer von Nietzsche und Freud betrachtet werden kann) liegen Lebenssinn und Freiheit in der Überwindung »unserer schlechten Affekte – Hass, Selbstüberschätzung, Hohn und Neid, aber auch unangebrachter Schuldgefühle und Gewissensbisse«.[8] Freilich war diese Einstellung genauso einseitig wie die materialistische, bei der Erfolg am Einkommen gemessen wurde.

Diese beiden Positionen stießen bei unserem Gespräch beim Inder unversöhnlich aufeinander. Dennoch: Jeder am Tisch kannte auch sehr gut die Position der anderen Seite. Sind wir nicht alle ständig hin- und hergerissen zwischen diesen beiden Polen?

»Wenn mich Ruhm in die eine Richtung zerrte, zog mich sogleich der Drang nach innerer Freiheit in die andere Richtung. Für jede Überzeugung gibt es Zweifel, für jeden Weg einen anderen« so drückte es Michael beim Nachtisch als Anhänger Gurdjieffs aus. »Und macht Euch eins klar: Ihr könnt nichts tun. Niemand kann etwas tun. Wenn er sich zwingt, erreicht er gar nichts. Aber der Wille kann sich stärken, wenn er mit Hindernissen konfrontiert wird. Dann kann es zu jedem Erfolg kommen – zu inneren und zu äußeren Erfolgen zugleich. Erfolg setzt Hindernisse voraus!«

Was gilt für Sie denn als Erfolg?

Wenn wir über Erfolg nachdenken, wird uns deutlich, dass wir in der Dynamik zweier Bewegungen leben. Die eine Bewegung strebt einen äußeren Erfolg an und macht letztendlich Geld zum objektiven Maßstab. Die andere Bewegung strebt eine innere Entwicklung an und macht den Erfolg daran fest, ob wir unser Potential entwickeln,

einen Lebenssinn verfolgen und uns einen gewissen Freiheitsgrad
erarbeiten. »Wie verkaufe ich mich?« fragt sich der eine. »Was bin
ich mir schuldig?« der andere.

> Innerer und äußerer Erfolg hängen zusammen wie zwei Seiten
> einer Münze.
> Erfolg ist nicht, sich für den inneren oder den äußeren Erfolg zu
> entscheiden, sondern die geeignete Mischung von innerem und
> äußerem Erfolg für sich zu finden.
> Wie diese Mischung für ihn aussieht, muss jeder für sich selbst
> entscheiden – es gibt kein objektives Maß für die beste Mischung.

Die Beschäftigung mit unseren inneren Filmen zeigt uns, dass ein
solches »Entweder-Oder« am Leben vorbeigeht. Ich halte Entscheidungen nach der Devise »Sekt oder Selters« nicht nur für einseitig,
sondern sie bergen auch die Gefahr, uns erstarren zu lassen und eine
Tunnelsicht zu erzeugen. Zumindest langfristigen Erfolg hat nicht
der, der mit Scheuklappen durchs Leben geht. Es liegt auf der Hand:
beide Seiten der Münze Erfolg müssen gesehen werden. Und beide
Seiten nutzen gleichermaßen unsere Traumwelten, um ihr Ziel zu
erreichen. Michael hat schon recht: Ohne Vision gibt es keinen
äußeren Erfolg! Ohne Vision gibt es aber auch keinen inneren
Erfolg! Gerade in unserer heutigen »Ablenkungskultur« ist es wichtig, seine Vision nicht aus dem Auge zu verlieren und dennoch einen
offenen Blick zu bewahren.

Was nutzt es Ihnen, wenn Sie steinreich werden, aber totunglücklich sind?

Und meinen Sie, es nutzt Ihnen, wenn Sie glücklich, aber völlig
verarmt sind?

Zugegeben, das sind zwei Extreme - über die sich aber jeder
irgendwann in seinem Leben einmal Gedanken macht. Wenn Sie
weder Onkel Dagobert noch Mutter Theresa nachahmen wollen,
wird Ihnen ein befriedigender Erfolg nur winken, wenn Sie beide Seiten des Erfolgs miteinander verbinden. Der jüdische Philosoph Jacob
Needleman, der ein tiefsinniges Buch über Geld und den Sinn des
Lebens geschrieben hat, sieht das Streben nach innerem und äußerem Erfolg zugleich als Herausforderung unserer heutigen Zeit an.
C.G. Jung sah diese Aufgabe unter dem Aspekt der Verbindung
unserer männlichen mit unserer weiblichen Seite – er nannte sie
»Conjunctio«.

Wir wissen alle: Im Leben kommt es stets auf das rechte Maß an. Um sich Ihrer Einstellung zum Erfolg bewusst zu werden, fragen Sie sich, welche Mischung von innerem und äußerem Erfolg Sie brauchen. Wie wollen Sie sich Ihren Erfolgscocktail mixen?

Olga und Tessi benötigen beispielsweise mehr inneren Erfolg als Michael.

Präzisieren Sie Ihre diffusen Vorstellungen davon, was für Sie Erfolg ist! Aber werden Sie sich auch über eins klar: Für alles müssen Sie in Ihrem Leben bezahlen.

Ich möchte Sie zu einem kleinen Gedankenexperiment auffordern: Sehen Sie Erfolg als eine feste Größe an. Die Summe von innerem und äußerem Erfolg ist stets gleich. Wenn Sie mehr äußeren Erfolg benötigen, müssen Sie mit innerem Erfolg bezahlen. Benötigen Sie mehr inneren Erfolg, werden Sie mit äußerem Erfolg bezahlen müssen.

Glücklicherweise hinken solche Beispiele, aber Sie verdeutlichen Ihnen eine Tendenz in unserer Gesellschaft. Die Meisterschaft besteht natürlich darin, inneren und äußeren Erfolg im gleichen Maße anzustreben – aber wer tut das schon?

Es gibt viele Erfolgsrezepte, die ironischerweise meist von denen vertreten werden, die aus meiner Sicht gar nicht so erfolgreich sind. Eines der originellsten fand ich bei Georg Christoph Lichtenberg, der nicht nur mit 27 Jahren Professor für Physik wurde, sondern auch als Schriftsteller in allen möglichen Gebieten äußerst erfolgreich war – also eine Ausnahme unter den Schreibern von Erfolgsrezepten. Neben der Physik hat er auch die menschliche Psyche eingehend studiert. Er legt seinen Lesern ein verblüffend einfaches Erfolgsrezept nahe:

Bedienen Sie sich der unvermuteten Vorfälle im Leben so, dass die Leute glauben, Sie haben diese vorhergesehen und sich gewünscht.[9]

Wieviel Erfolg können Sie ertragen?

*Jeder Glaube, jede Überzeugung, jedes Programm,
wo Widersprüche ignoriert werden,
hat mich immer mit Mißtrauen erfüllt.*

Peter Brook

Möchten Sie überhaupt erfolgreich sein? So erfolgreich wie Goethe, Picasso, Henry Ford, Liz Tailor oder Bill Gates?

Schließen Sie gleich für einen Moment Ihre Augen und stellen Sie sich vor, Sie seien ein Superstar wie Madonna oder wie Mick Jagger. Visualisieren Sie, wie die berühmte zarte Fee angeschwebt kommt und Sie mit ihrem Zauberstab berührt – und schon dürfen Sie eine Woche wie ein Krösus leben. Oder wollen Sie lieber Jürgen Schrempp sein – alles ist möglich. Der Fee ist es egal, in wen sie Sie verwandelt.

Und nun die berüchtigte Therapeuten-Standardfrage: »Wie haben Sie sich dabei gefühlt?«

Konnten Sie sich das überhaupt vorstellen?

Wo trauten Sie sich nicht, »in die Vollen zu gehen«?

Und was noch viel wichtiger ist: Möchten Sie so leben?

Klar, wir können die Vorstellung auch weniger groß machen. Aber ehrlich: Möchten Sie der Bundeskanzler sein? Oder Abteilungsleiter Ihres Supermarktes?

Wo liegt denn Ihre Grenze, bei der Sie sagen würden: »Nein! Das ist nun wirklich viel zu groß für mich!«

Allerdings seien Sie vorsichtig: Heidi aus dem letzten Kapitel hätte sich auch nicht vorstellen können, eine erfolgreiche Importfirma zu gründen. Selbst ihre Träume deuteten das nicht an. Expeditionsleiterin – das lag gerade noch in Ihrem Vorstellungshorizont, aber mehr hätte Sie als unverschämt, unrealistisch und größenwahnsinnig abgetan. Und für Iris war es der Griff nach den Sternen, sich um den Posten als Redakteurin zu bewerben. Auch Michael und seine beiden Hauptdarstellerinnen hätten sich vor zehn Jahren nicht vorstellen können, von der Theatergemeinde Deutschlands gefeiert zu werden. Sie sind erfolgreich, sehr erfolgreich – und sie sind auch weitgehend glücklich damit.

> Jeder besitzt seine ihm spezifische Erfolgsgrenze.
> Machen Sie sich deutlich, wie viel äußerer und wie viel innerer
> Erfolg Ihnen gut tut.
> Spielen Sie mit Ihren kühnsten Gedanken.

Sicher kennen Sie auch Geschichten von Menschen, denen der Erfolg gar nicht gut bekam. Allerdings handelt es sich hierbei meist um einseitig äußeren Erfolg. Erinnern Sie sich an die Erzählung von Peter Schlemilh. Er verkaufte seinen Schatten für ein unendliches Vermögen, aber E.T.A. Hoffmann erhob sogleich drohend seinen Zeigefinger: Geld und Ansehen macht den vormals armen Studenten hundsmiserabel elend. Er hat sein Inneres verkauft. So fühlen wir zwar heute nicht mehr, aber hört man es nicht immer wieder: »Geld verdirbt den Charakter«? Der amerikanische Philosoph Ralph Waldo Emerson setzt dem trotzig entgegen: »Wohlstand ist moralisch!«

Geld – das Maß des äußeren Erfolgs – kann uns freilich helfen, viele Schwierigkeiten zu überwinden. Allerdings müssen wir uns bewusst sein, dass wir damit häufig etwas Äußerliches an die Stelle eines inneren Problems setzen. Wenn man sich dessen bewusst ist, ist es völlig legitim, äußerlichen Reichtum anzustreben und sich seines Vermögens zu erfreuen. Wer Ihnen Ihre Freude am Geld vermiesen möchte, der ist neidisch. Ist man sich allerdings dessen nicht bewusst, dass man mit Geld bisweilen psychische Probleme überspielt, führt es in die innerliche Verarmung. Geld eignet sich bestens dazu, um einige Probleme zu lösen, aber nicht, um Fragen zu stellen.

Es herrscht neben der Erfolgssucht zweifelsohne auch eine Angst vor dem Erfolg. Kennen Sie die? Vielleicht ist sie ja berechtigt, weil Sie mit großem Erfolg gar nicht glücklich werden. Darf man denn nicht auch biedermännisch Klein- und Kleinsterfolge genießen? Dennoch: Um wahren Erfolg zu haben, müssen Sie Ihre Ängste überwinden. Angst engt ein. Sie werden bewegungslos und starren gebannt nur noch auf einen Punkt. Das Loslassen der Angst macht weit. Es vergrößert unsere Perspektive und Beweglichkeit. Nun sind allerdings erfolgreiche Menschen keineswegs angstfreie Übermenschen. Sie müssen wie jeder mit ihren Ängsten kämpfen – aber ihnen macht es Spaß, entschlossen ihre Grenzen zu überwinden und trotz ihrer Ängste zu handeln. Couragiert nehmen sie den Kampf gegen die Angst als Herausforderung an – und gewinnen, ohne die Angst zu verdrängen.

Die amerikanische Ethnologin und Forschungsreisende Margaret Mead beobachtete, daß Frauen häufig den äußeren Erfolg meiden, weil sie glauben, daß er sie unerotisch und unattraktiv macht. Ja, sie gestehen sich nicht einmal zu, vom großen äußeren Erfolg zu träumen, und kompensieren dies mit einer Konzentration auf den inneren Fortschritt und das Glück in Beziehung und Familie. Obwohl das Bild der Powerfrau heute eine derartige Hochkonjunktur in Literatur und Werbung erlebt, dass sie zum lächerlichen Klischee verkommt, scheinen Frauen auch noch heute den inneren Erfolg nie aus dem Auge zu verlieren. Die unbewusste Angst vorm äußeren Erfolg wird dadurch genährt, dass wir befürchten, unser Privatleben würde verkümmern. Ist Ihnen Ihr Privatleben und zugleich Ihr Erfolg in der Außenwelt wichtig, benötigen Sie Visionen und innere Filme, die Ihnen zeigen, wie beides vereinbar ist. Sehen Sie das als eine Aufgabe für Ihren inneren Regisseur an. Beauftragen Sie ihn, Ihnen solche Lehrfilme zu drehen.

Verbreitete Ängste vorm äußeren Erfolg, die man mit der Tagtraummethode bearbeiten sollte:
• Erfolg macht Frauen unattraktiv.
• Erfolg wird auf Kosten des Privatlebens errungen.
• Erfolg macht zu viel Arbeit.
• Erfolg rückt den Erfolgreichen in den Mittelpunkt, damit zieht er Neider an.

Verbreitete Ängste vorm inneren Erfolg, denen man ebenfalls mit der Tagtraummethode »zu Leibe rücken« sollte:
• Erfolgreiche Entwicklung der eigenen Persönlichkeit macht einsam.
• Erfolgreiche Entwicklung der eigenen Persönlichkeit dauert ewig.
• Erfolgreiche Entwicklung der eigenen Persönlichkeit macht weltfremd.
• Erfolgreiche Entwicklung der eigenen Persönlichkeit benötigt zu viel Energie.

Fast jeder will Erfolg – fast jeder fürchtet ihn. Es ist erstaunlich, wie viele Ängste vorm Erfolg geradezu epidemisch verbreitet sind. Sie sind gar nicht alle aufzuführen. Der Kasten oben gibt Ihnen einen Überblick über die häufigsten Hindernisse auf dem Weg zum Erfolg.

Die im Kasten aufgeführten Ängste sind alle berechtigt – sie sind aber auch alle mit Hilfe der Tagtraumtechnik auflösbar. Am meisten behindert Sie auf Ihrem Weg zum Erfolg, wenn Sie diese Ängste verdrängen. Dann werden sie sich entfalten und Sie innerlich vergiften.

Es ist schon ein Kreuz mit dem Erfolg! Nicht nur, dass wir uns um die rechte Einstellung bemühen müssen, die den Erfolg anzieht, sondern wenn wir es nun endlich geschafft haben, erfolgreich zu sein, können wir uns beileibe nicht einfach zurücklehnen und ausruhen. Nun kommt es darauf an, den Erfolg zu halten. Ewig ringen wir mit dem Erfolg. Die Traumarbeit hilft uns, dieses Ringen zu versüßen und unsere Erfolge auszubauen.

Testen Sie sich selbst

Wie man es dreht und wendet, es bleibt die Frage: Wie viel Erfolg können Sie ertragen?

Die Situation ist klar. Betrachten wir den inneren Erfolg, so ist der von zwei extremen Polen gekennzeichnet:

• Den negativen Pol charakterisiert die Haltung »Gefühle stören nur auf dem Weg zum Erfolg«.

• Den positiven Pol charakterisiert die Haltung »der einzige Weg zum Erfolg liegt in der Entwicklung des eigenen Innenlebens«.

Dazwischen liegt ein weites Feld von Nuancen und Abstufungen. Um bewusst mit Erfolg umzugehen, müssen Sie sich entscheiden, wo die Grenze für Sie liegt, ab der Erfolg Ihnen schadet. Wahrscheinlich tut es Ihnen nicht gut, das Leben einer Einsiedlerin oder eines Mönches zu leben. Sie werden sich nicht für diesen extremen positiven Pol[10] der Verinnerlichung entscheiden. Aber die Betrachtung Ihrer Träume und regelmäßige Selbstreflexion werden Ihnen gut tun. Sie werden sich also auch nicht für den extremen negativen Pol der Veräußerlichung entscheiden.

Und jetzt kommt der magische Psychologen-Trick: Wir vereinfachen das Ganze und machen einen simplen Test daraus. Dem negativen Pol geben wir den Zahlenwert 1, dem positiven Pol geben wir den Zahlenwert 10. Wo stehen Sie auf dieser Skala? Der Schlüssel zur Bestimmung des Zahlenwertes liegt darin, dass Sie sich jetzt hineinfühlen, wie weit Sie sich welchem Pol annähern wollen. Natürlich gilt das nicht für immer und ewig. Sie wählen sich den entsprechenden Punkt für die Lebensphase, in der Sie sich zur Zeit befinden.

Schreiben Sie sich diese Zahl hier auf:

Sie werden es erraten haben, nun führen wir den gleichen Test für Ihren äußeren Erfolg durch. Auch der äußere Erfolg ist von zwei extremen Polen gekennzeichnet:

- Den negativen Pol charakterisiert die Haltung »selig sind die Armen«.
- Den positiven Pol charakterisiert die Haltung »Reichtum macht glücklich«.

Auch zwischen diesen beiden Polen liegt ein weites Feld der Abstufungen. Wieder müssen Sie sich entscheiden, wo die Grenze für Sie liegt, ob der äußere Erfolg Ihnen schadet. Ich nehme an, es fördert Sie nicht, als »Penner« oder »Freak« zu leben. Aber ob Sie wirklich erfolgreich mit Milliarden spekulieren können, wage ich ebenfalls kühn zu bezweifeln. Sie werden sich wahrscheinlich auch hier nicht für einen der beiden extremen Pole entscheiden.

Wie gehabt, geben wir dem negativen Pol den Zahlenwert 1, dem positiven Pol geben wir den Zahlenwert 10. Wo stehen Sie auf dieser Skala?

Nehmen Sie sich Zeit, sich dort hineinzufühlen und schreiben Sie sich diese Zahl hier auf:

Und jetzt erwarten Sie die Auswertung wie beim Illustriertentest. Da wir uns aber in diesem Buch mit den Traumwelten beschäftigen und dem Geist positivistischer Tests sowieso nicht so recht trauen, schlage ich Ihnen ein anderes Vorgehen vor. Wir nutzen die Testergebnisse, um unserer Frage »Wie viel Erfolg kann ich ertragen?« durch Selbsterkenntnis näher zu kommen.

Wenn Sie sich und Ihre Umwelt realistisch einschätzen, sollte die Summe der beiden Zahlenwerte, für die Sie sich entschieden haben, im Ideal 10 ergeben. Ist die Summe jedoch kleiner als 8, zeigt dies, dass Sie sich zu wenig Erfolg zutrauen und sich damit auf dem Weg zum Erfolg selbst ein Bein stellen. Es würde Ihnen helfen, wenn Sie die Methode des bewussten Tagtraums möglichst regelmäßig anwenden. Diejenigen, bei denen die Summe 14 oder mehr beträgt, haben entweder gemogelt oder neigen dazu, sich zu überschätzen oder auch zu überfordern. Sie wollen alles – einigen gelingt das ja auch. Ich drücke Ihnen die Daumen. Sie benötigen unbedingt den Rat Ihrer Träume, um nicht an Ihren hochgesteckten Zielen zu verzweifeln. Aber Sie haben recht: Natürlich sollten wir auf beiden Ebenen Erfolg haben, sonst werden wir nicht glücklich und nicht wirklich erfolgreich. Die fehlende Verbindung von äußerem und innerem Erfolg macht auf die Dauer verwirrt und krank. Alte Münzen erinnern uns daran: Sie zeigten stets eine Seite, auf der ein spirituelles Symbol, und eine andere Seite, auf der ein weltliches Symbol abgebildet war.

Soweit zur konventionellen Auswertung. Jetzt kommt aber der viel wichtigere Teil des Tests: Sie haben eine Zahl für Ihren inneren Erfolg und für Ihren äußeren Erfolg ermittelt. Zahlen sind aber wenig anschaulich und lebensfern. »Für den inneren Erfolg tut mir 3, für den äußeren Erfolg tut mir 7 gut«, hört sich ziemlich abgehoben an, und so viel sagt es Ihnen nun auch wieder nicht. Versuchen Sie lieber die beiden Zahlenwerte durch treffende Aussagen zu ersetzen. »Ich möchte die Impulse aus meinen Innenwelten schon mitbekommen. Dafür werde ich morgens meinem Partner meine Träume erzählen. Wenn ich die ab und zu nutzen kann, bin ich zufrieden. Ich habe weder Anspruch noch Zeit, mein Innenleben genauer zu erforschen. Mir geht es vielmehr darum, meine Energien für meinen Aufstieg in der Firma zu nutzen. Dafür werde ich mich teilweise auch in meiner Freizeit weiterbilden.« So übersetzte Thea, eine Klientin von mir, die Zahlenwerte 3 und 7 konkret für sich. Sie benötigte dafür zwar eine Woche, aber als ihr klar wurde, wie viel Erfolg sie in welchem Gebiet anstrebt, gelang es ihr leicht, auch ihre inneren Filme effektiver auf dieses Ziel hin zu bearbeiten. Ihr wurde durch diesen Test klar, dass sie sich durch ihre Haltung »ich will alles« so unter Druck setzte, dass erwünschte Erfolge ihr versagt blieben. Als sie zum ersten Mal diesen Test zu Beginn ihrer Arbeit mit der DreamCreativity®-Methode durchführte, ergab sich als Summe der beiden Zahlenwerte der erstaunliche Wert von 18. Sie sehen: Thea war erschreckend ehrgeizig. So sehr, dass es ihr schadete.

Am Beispiel von Thea zeigt sich deutlich die positive Auswirkung der Beschäftigung mit unseren inneren Filmen. Wenn wir auf sie achten, werden wir realistischer und erkennen deutlicher, was uns wirklich nutzt und was uns schadet.

Soll ich meine Zukunft beeinflussen?

*Ich weiß nicht, ob jeder von uns ein
Schicksal hat oder wir nur dahingleiten
wie ein Blatt im Wind. Vielleicht stimmt
ja beides – beides zur gleichen Zeit.*

Forrest Gump

Die Überschrift erschreckt mich. Die alte Frage der Menschheit wird
aufgerufen: Soll man in sein Schicksal eingreifen oder nicht?

»Wir können eh nichts machen, da sind viel mächtigere Kräfte
und Gruppen, welche die Zukunft prägen. Das ist doch nur eine
romantische Illusion, dass wir unsere Zukunft beeinflussen können!« fasste Herbert kurz und bündig die verbreitete Ansicht der
Verschwörungstheorie zusammen. Was früher die Götter waren,
sind heute die Illuminaten, der Order de Sion oder gar Microsoft.

»Jedes Jahrhundert sprach von übermächtigen Kräften, die unser
Schicksal bestimmen und doch waren es stets Individuen, die durch
Ihre Taten die Zukunft prägten.« hielt Tanja dem entgegen.

Michael, der Regisseur, war auch bei dieser Diskussion zugegen.
»Das ist doch alles Firlefanz!« rief er aus. »Unsere Zukunft ist abhängig von unserem Bewusstsein. Wie brachte es Herbert Achtern-
busch auf den Punkt: ‚Auch das eigene Brett vorm Kopf kann die
Welt bedeuten'. Wer heute an Verschwörungstheorien glaubt, wird
morgen nicht erfolgreich sein. Wer an das heldenhafte Eingreifen in
den Lauf der Geschichte glaubt – und sei es auch nur seine eigene –,
der wird wahrscheinlich Erfolg haben.«

»Oder untergehen!« setzt Herbert sarkastisch dem entgegen.

Kann ich meine Zukunft beeinflussen?
Soll ich meine Zukunft beeinflussen?

Keine Angst: Ich will diese Fragen keineswegs philosophisch »aus-
walzen«. Wer Erfolg haben möchte, muss eingreifen! Als Helden gelten noch bis heute diejenigen, die sich nicht scheuen, die Ärmel
hochzukrempeln und tatkräftig versuchen, ihr eigenes Schicksal zu
gestalten. Ich kann nur Tanja beipflichten: Folgen Sie Ihren Träumen, und keiner kann und wird Sie aufhalten. Zu dieser Haltung
möchte ich Sie mit diesem Buch verführen: Werden Sie tätig! Bestimmen Sie Ihr eigenes Schicksal! Wenn Sie sich Ihren Erfolg erträumen,

wenn Sie mit der DreamCreativity®-Methode und mit Tagträumen arbeiten, dann greifen Sie in Ihr Schicksal ein. Verfallen Sie nicht in die Sicht unserer Ahnen, die davon ausgingen, dass unser Schicksal festgelegt und vorbestimmt ist. Das trifft nur zu, wenn man nicht handelt. Jeder der handelt, greift in das Schicksal ein, und wenn wir schon eingreifen, dann doch bitte erfolgreich!

»Ich kann das Leben nicht hinnehmen, wie es zufällig kommt; mir selbst schaffen will ich es – gestalten nach meinem Bedarfe.«[12] Wäre das nicht ein passendes Motto für Sie? Diese Worte lässt Frieda von Bülow ihre Intimfreundin Lou Andreas-Salomé sagen, die als Meisterin der unbedingten Selbstgestaltung ihre Zeitgenossen schockierte.

Der Regisseur David Lynch bringt es auf den Punkt: »Träumen ist etwas, was ich aktiv suche.«[13] Ob er es auch findet? Es scheint so. Da vergleicht er das Träumen mit dem Fischen: Man driftet weg und wartet, ob man eine Idee fangen kann. Und plötzlich, ganz verblüffend, passen die vielen Tagträume zusammen und werden zu einem reißenden Strom. Und so entsteht ein Lebenstraum, ein Werk, eine erstaunliche Veränderung. Das Schicksal nimmt eine neue Wendung.

»Veränderungen ziehen oft andere ungeahnte Veränderungen mit sich!« sagt der Zaghafte. Er hat recht. Es wäre gefährlich, seine Zukunft zu beeinflussen, wenn Sie sich nicht bewusst werden, was Sie wollen, und dies nicht in Ihren inneren Filmen im Detail durchspielen. Wenn Sie erfolgreicher werden wollen, müssen Sie sich zuerst ausgiebig damit beschäftigen, wie Ihr Erfolg aussehen soll. Wenn Sie nicht wissen, was für Sie gut ist, achten Sie auf Ihre inneren Filme: Sie werden Sie anregen, sich Ihre Ziele zu verdeutlichen. Solange Sie sich jedoch keine klare Vorstellung über Ihre Vision gebildet haben, sollten Sie lieber nichts unternehmen. Der Weise greift nicht in seine Zukunft ein, bevor er nicht ein klares Ziel hat. Die taoistische Philosophie der Chinesen nannte dieses Prinzip Wu Wei, das Nichts-Tun.

Wenn ich auch die Verschwörungstheorie als regressiven Glauben an die bösen Väter ablehne, muss ich doch Herbert recht geben, als er am Ende dieser Diskussion nach langer Pause sagte: »Ihr könnt doch nicht so blind sein und übersehen, dass unser Handeln nur Verwirrung stiftet. Nehmen wir doch nur die ökologische Krise: Da haben sich Eure Helden aufgeschwungen, um Kunstdünger, genetische Manipulationen und Atomkraft zu nutzen. Sie hatten Erfolg – leider! Sind nicht unsere Visionen immer unvollständig und deswegen so gefährlich?«

> Man sollte nur dann in sein Schicksal eingreifen, wenn
> - man sich genau bewusst ist, was man erreichen möchte,
> - man seine Träume als höhere Instanz um Rat fragt,
> - der eigene Erfolg nicht anderen schadet,
> - man Verluste und Rückschläge in seine inneren Filme mit einbezieht.

Seinen Erfolg zu planen, ist stets ein Risiko. Es gleicht dem Unternehmerrisiko. Dieses Wagnis wird jedoch vermindert, wenn Sie Ihre inneren Filme als Berater konsultieren.

Wenn Ihnen das zu ungreifbar klingt, dann möchte ich Sie dazu anregen, einen Traumführer anzulocken. Faust war ein Meister darin, sich einen dienstbaren Geist zu schaffen. Freilich brauchen Sie nicht gleich dabei Ihre Seele zu verkaufen – die heute sowieso keinen großen Marktwert besitzt.

Richten Sie Ihre Aufmerksamkeit bei der Betrachtung Ihrer inneren Filme darauf, ob dort eine Person – seltener ist es auch ein Tier (die Indianer würden vom Krafttier reden) – auftritt, die Ihnen Verhaltensweisen zeigt, die Sie weiterbringen. Es ist wie im Märchen, wo häufig Tiere der Heldin helfen, Ihre Aufgaben zu vollenden. Damit drücken die Märchen als kollektive Träume der Völker aus, dass in Gefahr und Not oft unsere triebhafte Seite konstruktivere Lösungen findet als unser Intellekt. Auch in Ihren Träumen treten solche hilfreichen Wesen oder Traumführer auf.

Als Michael Shakespeares »König Lear« inszenieren wollte, dachte er in schlaflosen Nächten hin und her, wie er ein zeitgenössisches Publikum mit Shakespeare berühren könne. Wenn er sich am elisabethanischen Theater streng historisch ausrichtet, würde das nur langweilen. Aber wie könnte eine postmoderne Shakespeare-Inszenierung aussehen? Er las bei Peter Brook, dem Shakespeare-Spezialisten, nach, wie dieser vorgegangen war – aber die Autorität zu kopieren, konnte doch auch nicht der Weg sein. Während einer Probe glitt er in seine inneren Bilderwelten, die sich gegen sein Bewusstsein durchsetzten. Er war übermüdet, frustriert und die Traumwelten nahmen diese Chance wahr, um mit ihm zu sprechen. Er träumte von einem alten Uhrmacher, der alle Rädchen, Federn, Uhrgläser und Zeiger auf den Holzboden warf. Dann schlief er selig an seinem Schreibtisch ein. Das rief die Heinzelmännchen herbei, die auf dem Holzboden so wild tanzten, dass alle Teile der Uhren lustig herumsprangen und sich plötzlich zu einem wunderschönen Chronometer zusammenfügten.

Michael verstand sofort: Er musste den Schauspielern den bearbeiteten Lear-Text »vorwerfen« und aufmerksam betrachten, was diese daraus machen würden. »Der Regisseur muss nicht immer alles vorgeben!« ging es ihm durch den Kopf. »Vertrau auf deine Truppe!«

Als wir beide diesen inneren Kurzfilm besprachen, geschah Erstaunliches: Blitzartig erkannten Michael und ich, dass dies ein treffendes Bild für unser Leben ist. Wie Michael seiner Truppe vertrauen kann, so können wir uns beide auf die unterschiedlichen Ichs in uns verlassen. Statt den Erfolg zu erzwingen, können wir uns und anderen vertrauen.

Das Bild des weisen Uhrmachers, der hier wie im Märchen weißhaarig wie »der liebe Gott« seinen Willen loslassen konnte, wurde für uns beide zum Traumführer. Haben wir Fragen, wenden wir uns an ihn. Wir stellen uns sein Bild so deutlich wie möglich wieder vor und befragen ihn. Bis jetzt hat er immer geantwortet.

Natürlich gelten die Anweisungen unseres Traumführers nur für uns. Michael und ich neigen dazu, Erfolge erzwingen zu wollen. Unser Wille stürmt vor, um unsere Zukunft zu prägen. Unser Traumführer zeigt uns, dass wir loslassen statt eingreifen sollen. Ihr Traumführer mag Ihnen anderes raten.

Wichtig ist jedoch, seinen individuellen Traumführer – oft ist es auch eine Traumführerin – zu finden. Falls Sie Ihre Träume und Phantasien aufschreiben, gehen Sie doch bei Gelegenheit diese Aufzeichnungen durch und schauen Sie, ob Sie dort die Weise oder den Weisen finden. Das ist oft eine ältere Traumperson, nicht selten weiß gekleidet, oder ein verstorbener Verwandter oder Freund oder Freundin von Ihnen, die in Ihrem inneren Film die Rolle des Weisen spielen – übrigens häufig eine Nebenrolle. Visualisieren Sie sich diese Person und befragen Sie diese. Zu allen Fragen, die Ihnen auf den Nägeln brennen, werden Sie eine Antwort bekommen.

Als ich begann, dieses Kapitel zu schreiben, fragte ich Theobald, den Uhrmacher: »Wie soll ich meine Zukunft beeinflussen?«

Er hat mich geärgert und antwortete lachend: »Gar nicht!«

Schaffen Sie sich eine Traumführerin oder einen Traumführer, und Sie durfen besten Gewissens Ihre Zukunft beeinflussen. Sie brauchen sich jedoch keineswegs immer nach den Antworten Ihres Traumführers oder Ihrer Traumführerin richten. Ich lasse mich von meinem Theobald inspirieren. Michael dagegen folgt seinem Uhrmacher (fast) aufs Wort.

Wenn Sie solche Einflussmöglichkeit nicht nutzen, werden Sie zum Spielball der Situationen. Sie treiben ziellos wie ein Blatt im Wind der Zeit. Aber Vorsicht! Greifen Sie nicht unüberlegt oder einseitig egoistischen Zielen folgend in Ihr Schicksal ein. Davor bewahrt Sie Ihr Traumführer. Ihr Erfolg wird Ihnen nämlich auf die Dauer nur dann nutzen, wenn Sie keinen anderen damit schädigen. Sie werden sich Ihres Erfolges niemals recht erfreuen können, wenn er auf Kosten anderer erzielt wurde. Über Leichen zu gehen, macht niemals glücklich und selten langfristig erfolgreich. Und sehen Sie es realistisch: Zum Gewinn gehört unweigerlich der Verlust. Wenn Sie sagen: »Ich will keine Verluste! Ich will keine Rückschläge!« sollten Sie besser nicht in Ihr Schicksal eingreifen. Denn dann werden die unvermeidbaren Verluste – die Sie unweigerlich haben werden – zumindest keine selbstverschuldeten sein. Mein Traumführer Theobald schützt mich vor einseitig egoistischen Irrungen und Wirrungen. Ihr Traumführer wird auch Sie beschützen.

Bisweilen lamentieren Klienten von mir: »Ich kann beim besten Willen keinen Traumführer finden!«

»Das macht gar nichts«, antworte ich, »denken Sie sich einfach einen aus. Der innere Regisseur denkt sich ja auch einen Traumführer aus. Manchmal muss man ihn einfach bewusst unterstützen.«

Führen Sie ein Tagebuch? Tagebuchschreiben – ob digital oder in alter Väter Weise mit dem Stift – unterstützt Ihre Kommunikation mit Ihrem Traumführer. Dokumentieren Sie Ihre Gespräche mit Ihrem Traumführer, wird dieser Helfergeist Ihnen näher kommen. Was Sie niederschreiben, hat zudem eine viel tiefere Wirkung auf Sie, als wenn Sie sich Ihre Gespräche nur vorstellen.

Und nun die klare Beantwortung der Frage: Soll ich meine Zukunft beeinflussen? Ja, Sie sollen Ihre Zukunft sogar prägen! Sie können gar nicht anders, als sich selbst Ihr Schicksal schaffen.

> Deswegen empfehle ich Ihnen: Schaffen Sie sich bewusst Ihr Schicksal, bevor Sie sein Opfer werden.
> Die Arbeit mit einem Traumführer geht weit über das eher naive positive Denken hinaus: Bei Ihr sieht man auch Fehler, Misserfolge und Schattenseiten. In der Auseinandersetzung mit ihnen lernt man erst, wirklich langfristig erfolgreich zu werden.

Theobald meint dazu:»Im positiven Denken liegt die große Gefahr, naiv seinen Egoismen zu folgen. Sich eine erfolgreiche Zukunft zu schaffen, setzt auch voraus, Schwierigkeiten deutlich zu sehen.« Und vielleicht ist es Theobald gewesen, der mich in Biographien über die erfolgreichsten Manager unserer Zeit blättern ließ. Diese Wirtschaftsführer eint, dass sie Rückschläge voraussehen und für jede Schwierigkeit sogleich alternative Pläne zur Hand haben. Auch das Negative hat seinen Platz in der Planung einer erfolgreichen Zukunft. Es ist doch gerade der Misserfolg, der uns lehrt, wie wir erfolgreich werden!

Wo ich mir leicht die Finger verbrenne

Denke ich an Erfolg, erinnere ich mich sogleich an den sagenhaften phrygischen König Midas. Midas war von der Gier besessen. Er wünschte sich von Dionysos, dass alles, was er berührt, zu Gold wird. Das war ein äußerst törichter Wunsch: Midas konnte weder essen noch trinken. Personen, die er berührte, erstarrten zu goldenen Statuen. Midas verzweifelte. Zum Glück besaß er gute Verbindungen zu den Olympiern. Er konnte die Götter dazu bewegen, die Erfüllung seines Wunsches, der zum Fluch wurde, wieder zurückzunehmen.

Seien Sie vorsichtig! Bevor Sie sich etwas wünschen und dazu die Traumarbeit einsetzen, überlegen Sie es sich gut. Es könnte in Erfüllung gehen. Bedenken Sie stets, welche Konsequenzen die Erfüllung Ihrer Wünsche für Sie haben wird, denn es ist unwahrscheinlich, dass Sie ebenso gute Beziehungen zu den Göttern haben wie Midas. Normalerweise müssen Sie die Konsequenzen für die Erfüllung Ihrer Wünsche selbst tragen.

Zu Beginn dieses Kapitels beschäftigten wir uns mit der Frage, wie viel Erfolg Sie ertragen können. Midas wusste das augenscheinlich nicht. Nur durch sein Bad im Fluss Paktolos, durch das er seinen zweifelhaften Erfolg opferte, rettete er sein Leben. Manchmal zeigt sich eben im Verzicht, nicht im Ausleben die Reife. Deshalb empfahl ich Ihnen, Ihren Traumführer zu konsultieren: Der weiß, wo Erfolge Ihnen helfen und wo sie für Sie tödlich sind. Und Sie können wirklich tödlich sein, was sich deutlich an der Herzinfarkthäufigkeit führender Manager schon in jungen Jahren zeigt.

Sehen Sie die Mythologien wie ein Lehrstück an: Die Geschichte von Midas warnt uns vor der Gier. Gierig können Sie sich nicht nur leicht die Finger verbrennen, sondern sich auch ins Grab bringen. Dabei ist es gar nicht so einfach in einer »erfolgsgeilen« Gesellschaft, die Gier zu erkennen. Gesellschaftlich willkommene Gier wird nämlich »gute Motivation« genannt. Alle anderen Formen der Gier werden allerdings mit dem Etikett »schlecht« versehen.

> Wünschenswerte Erfolge kommen durch stetige Arbeit, praktische Intelligenz und die Arbeit mit den inneren Filmen zustande. Die praktische Intelligenz bildet sich durch die Erfahrung der stetigen Arbeit. Die stetige Arbeit regt unser Traumleben an.
>
> Fehlt einer dieser drei Faktoren auf dem Weg zum Erfolg, mag sich zwar ein Erfolg einstellen, dieser Erfolg ist jedoch nicht wünschenswert – weder für den Einzelnen, noch für seine Umwelt.
>
> Um sicher zu gehen, dass der angestrebte Erfolg einem gut tut, sollte man seinen Traumführer oder andere Manifestationen seiner inneren Stimme konsultieren.

Nehmen Sie sich vor Habgier in acht! Jacob Needleman führt Habgier auf das Fehlen eines inneren Ziels zurück.[14] Wo die Frage nach dem Sinn und nach inneren Zielen nicht mehr gestellt wird, wo wir von unseren äußeren Erfolgen geblendet werden, da können wir nur verlieren. Der Erfolg entpuppt sich als Fluch und als Zwang. Auf Erfolgsgeilheit folgt Missgunst und Unglück. Der äußere Erfolg zieht vampiresk alle Energien ab, die für nichts anderes mehr zu nutzen sind. Man strebt an, was nicht notwendig ist, und dabei wird es oft schwierig, das Notwendige noch zu erlangen.

Apoll ließ Midas Eselsohren wachsen, um jeden vor dessen Unbewusstheit zu warnen. Nur der Unbewusste fühlt sich einseitig vom geldlichen Erfolg angezogen. Nur er gerät in den Sog der zerstörerischen Gier. Aber lassen Sie uns hier nicht in die Moral abgleiten und mit der Geste des neidischen Moralapostels die Gierigen anprangern. Wir alle sind gierig. Wer meint, es nicht zu sein, ist sich dessen nur noch nicht bewusst. Der erste Schritt seine Gier zu kontrollieren, liegt darin, sich ihrer bewusst zu werden. Erst dann können Sie entscheiden, wie viel Gier Sie sich zugestehen und wo Sie die Grenze ziehen müssen.

Welch schöner Wunscherfüllungstraum, der Traum des Midas! Der phrygische König war faul. Er wusste nur zu gut, wie anstrengend es ist, für große ökonomische Erfolge zu arbeiten. Also wandte er sich an den Gott der Lust, an Dionysos. Midas hat sich gar nicht erst die Mühe gemacht, durch eigene Anstrengungen reich zu werden. Und der Weltgeist sagte kategorisch: »So geht das nicht!«

Auch Ihnen wird dieser Weltgeist – der die protestantische Ethik zu vertreten scheint – auf die Finger klopfen, wenn Sie sich Erfolge erträumen, ohne zuvor ausprobiert zu haben, wie Sie im Alltagsleben erfolgreich sein können.

Die Arbeit mit Ihren inneren Filmen ist wichtig. Sie kann Sie aber nur dann zum Erfolg führen, wenn Sie zugleich Ihr Ziel auch jenseits der Traumebene anstreben. Wir leben leider nicht in der Märchenwelt des Schlaraffenlands. Ohne die Arbeit an unseren Zielen wird sich – zumindest in unserer Gesellschaft – kein wirklicher Erfolg einstellen. Ohne diese Arbeit wissen Sie auch gar nicht, welcher Erfolg was von Ihnen verlangt, und Sie werden sich nur zu leicht – wie Midas – verrennen.

Wenn Sie sich Erfolg wünschen, legen Sie sich nicht auf die faule Haut und driften Sie nicht in die Traumwelt ab, sondern treten Sie aktiv ins Leben. Versuchen Sie den Erfolg mit praktischer Intelligenz und Tatkraft zu erreichen. Ihre inneren Filme werden Sie beraten und davor warnen, sich die Finger zu verbrennen.

»Lebe nur im Hier und Jetzt, dann wird sich der Erfolg von selbst einstellen«, empfahl mir kürzlich ein selbsternannter Jünger Buddhas, als ich ihm von diesem Buch erzählte.

Wir stritten uns darüber, wie schwammig doch dieses Konzept vom Hier und Jetzt ist. Es verschleiert die Tatsache, dass »Hier und Jetzt« stets aus dem entsteht, was zuvor war und sich in das verwandelt, was sein wird. Es mag zwar scheinen, als ob man im Hier und Jetzt Erfolg hat – aber ein wahrer Erfolg ist immer das Ergebnis eines Prozesses, der die Summe vieler Situationen ausmacht. Ein wünschenswerter Erfolg im Hier und Jetzt setzt sich aus vorausgegangener Arbeit, praktischer Intelligenz und Traumarbeit zusammen. Das trifft auf den inneren wie auf den äußeren Erfolg zu. Nur Götter erreichen träumend die Befreiung. Midas zeigte die Gefahren, die materieller Erfolg birgt. Das Leben Friedrich Nietzsches ist ein gutes Beispiel für einen, der nur den inneren Erfolg anstrebt. Wie man es auch dreht und wendet: Trotz all seiner Genialität wurde Nietzsche wahnsinnig. Allerdings beschreibt Lou Andreas-Salomé in ihrer einfühlsamen Nietzsche-Würdigung[14], wie Nietzsche den Wahnsinn als letzte mögliche Erkenntnisquelle ansieht. Dennoch: Möchten Sie so einsam und todunglücklich enden wie Nietzsche?

> Ob innerer oder äußerer Erfolg – unreflektiertes Erfolgsstreben ist gefährlich. Ob innerer oder äußerer Erfolg – bewusstes Erfolgsstreben führt zum Glück.

Jetzt habe ich Sie aber wirklich genügend gewarnt. Verstehen Sie mich nicht falsch: Ich liebe den inneren und äußeren Erfolg. Die Devise »innerlich und äußerlich reich« kann ich gut verstehen. Sie entspricht auch meinem Ideal.

Nach diesen Ausführungen können wir uns nun unbeschwert der praktischen Seite der DreamCreativity®-Methode zuwenden und unsere Erfolge Schritt für Schritt planen.

---

8 Theun de Vries: Spinoza. (Rowohlt) Reinbek 1970, S. 160.

9 Georg Christoph Lichtenberg: Sudelbücher. (Fischer Verlag) Frankfurt/Main 1984, S. 374 (J273).

10 »positiv« und »negativ« sind hier nicht bewertend gemeint, sondern wie in der Physik als gegensätzliche Pole, zwischen denen ein Feld entsteht.

11 Frieda von Bülow: Die schönsten Novellen der Frieda von Bülow über Lou Andreas-Salomé und andere Frauen. Frankfurt/Main 1990, S. 38. Lou Andreas-Salomé und Frieda von Bülow nutzten sich gegenseitig als »literarische Vorlage«.

12 David Lynch: Ich habe einen Traum. In: Die Zeit, Nr. 50, Hamburg 9.12.2000, S. 20.

13 Jacob Needleman: Geld und der Sinn des Lebens. (Suhrkamp) Frankfurt/Main 1995, S. 287.

14 Lou Andreas-Salomé: Friedrich Nietzsche in seinen Werken. Wien 1894 (Neuauflage: Frankfurt/Main 1983).

PRAXISTEIL

Die DreamCreativity®-Methode

Träume sind die vertraulichste Form von
Beziehung, die wir mit uns selbst haben.

Francisco Varela

In diesem umfangreichen Kapitel werde ich Sie ausführlich in den praktischen Gebrauch der DreamCreativity®-Methode einführen. Es war nötig, Ihnen zuvor das »ethische Rüstzeug« zu geben, um diese Methode wirklich erfolgreich anwenden zu können. Eine platte Einstellung zum Erfolg wird Sie nämlich eher behindern als fördern. Die Vorteile dieser Methode liegen darin,

- dass sie bei jedem Traum – ob Tag- oder Nachttraum – ohne großen Aufwand anwendbar ist,
- dass sie systematisch Schritt für Schritt vorgeht und durch ihre Systematik schnell zu Ergebnissen führt,
- dass ihre Anwendung Spaß macht, da sie spielerisch zu Erkenntnissen führt,
- dass sie ihre Anwender erfolgreicher werden lässt, da sie angeregt werden, ihr volles Potential zu leben,
- dass sie ihre Anwender klüger macht, da ihre Perspektiven erweitert und ihr Denken fließender wird.

Sie lesen das Wort »Methode« und denken sogleich an etwas Trockenes und fürchterlich Langweiliges. Nicht so bei der DreamCreativity®-Methode! Sie geht spielerisch vor. Nur durch das Spiel kann man selbst seine festen Strukturen überwinden, nachdem man sie – auch wieder spielerisch – begriffen hat. Meiner Erfahrung nach bieten nur solche unverkrampften Methoden einen für jeden gangbaren Weg der Selbstanalyse, mit dem man feste Strukturen überwinden kann. Aber die DreamCreativity®-Methode bleibt keineswegs bei der Selbstanalyse stehen, sondern sie zielt auf eine erfolgreiche Veränderung Ihrer Lebenspraxis. Mit ihrer Anwendung emanzipieren wir uns von den Übervätern der Traumbetrachtung wie Freud und Jung. Wir verrennen uns nicht mehr in den tierischen

Ernst hochgebildeter Deutungen, sondern wenden uns der konkreten Aufgabe zu, wie wir mehr in unserem Leben erreichen können.

Ein Leben auf Sparflamme ist doch zu langweilig! Machen Sie mehr aus sich! Erfreuen Sie sich an dem konkreten Realismus Ihrer inneren Filme. Träumen Sie sich wach. Wie das geschieht, werde ich Ihnen an einem konkreten Traum erläutern. Dieses Vorgehen ist jedoch auf jede Ihrer Phantasien anwendbar, nicht nur auf nächtliche Träume.

Der Traum

Tessi ist eine bekannte Schauspielerin, die mit ihrem Freund in einer eheartigen Beziehung lebt. Sie ist Anfang vierzig und träumte diesen Traum, als sie sich allein in ihrem Haus in der Schweiz befand. Sie hatte sich zurückgezogen, um zu überlegen, ob sie nach all ihren Theatererfolgen nun ein Drehbuch für den Film schreiben solle oder ob es klüger sei, ihre Karriere an der Bühne weiterzuverfolgen. Ein Drehbuch zu schreiben, war ein alter Wunsch von ihr. Aber sie hatte nie Zeit gehabt, ihn zu verwirklichen. Außerdem war dieses Unternehmen mit dem Risiko verbunden, eine längere Pause einzulegen, die sie für das Schreiben des Drehbuchs benötigte. Nach ihrem letzten Bühnenerfolg brauchte sie dringend eine Pause, um nicht in langweilige Routine abzugleiten. »Aber hat mich mein Publikum nach der Pause vergessen?« fragte sie sich ängstlich.

Vor dem Einschlafen hatte sie noch in jenem berühmten Handbuch zum Drehbuch[15] geblättert. Das dünne Buch entglitt ihr, und sie versank in folgendem Traum.

Ich wohne in einem sehr schönen zweistöckigen Haus auf einem großen Grundstück. Der rote Klinkerbau liegt mitten auf meinem Gelände. Seine Mauern sind dicht bewachsen. Einige große Kiefern stehen seitlich des Hauses. Zum Eingang führt eine Auffahrt. In meinem Heim befindet sich eine Schule. Ich bin dort Schülerin. Die Schule ist ganz klein: Da unterrichtet ein Lehrer fünf Schüler. Deswegen geht es auch sehr familiär zu.

Heute ist der letzte Unterrichtstag, bevor wir abends zu einem Schulausflug aufbrechen wollen. In der letzten Stunde, als wir im kleinen Kreis der Schüler über den Ausflug reden, fällt mir ein, dass ich völlig vergaß, meine Sachen zu packen. Zumindest benötige ich meinen Rucksack, in dem ich einen dickeren Pullover, ein paar Unterhemden und Hosen packen möchte. Außerdem brauche ich Orangensaft, den ich auf der Fahrt trinken kann.

Ich frage ganz aufgeregt, wer mich denn eben nach Hause fahren kann, dass ich meine Sachen hole. Im Traum ist es für mich normal, dass ich in diesem Haus wohne, aber zugleich anderswo zu Hause bin, wo ich meine Sachen holen muss. Einer der Schüler, mit einer großen runden Nickelbrille und Bartstoppeln, geht nach oben in mein Büro und benutzt mein Telefon. Während er unterschiedliche Leute anruft, bin ich damit beschäftigt, ein streng geometrisches Bild an verschiedenen Stellen an die Wand zu stellen. Aber keine dieser Möglichkeiten gefällt mir. Endlich hat der Schüler Freunde gefunden, die mich eben nach Hause und zurück fahren. Sie werden mit einem VW-Bus kommen, mit dem sie schon in Buchara gewesen sind. Das finde ich aufregend und bin ganz gespannt. Ich sehe oben vom Fenster, wie der Bus die Einfahrt entlang fährt. Da laufe ich die breite, hochherrschaftliche Holztreppe hinunter, um sie zu empfangen. Ich freue mich, die Hausherrin zu spielen, die ihre Gäste empfängt. Ein Pärchen kommt mir entgegen, wobei das Gesicht der Frau glänzt: Soviel Nährcreme hat sie aufgetragen. Mit einer Geste deutet sie mir an, dass sie und ihr Partner heute schweigen, weil das zu ihrer Schönheitstherapie gehört. Ich finde das ganz angenehm, gehe hinter der Frau her, während der Mann den VW-Bus rückwärts aus der Einfahrt fährt. Als der Bus auf der Straße steht, steige ich ein. Als ich mein Handy einstellen möchte, bemerke ich, dass es gar nicht mein Handy ist. Mein Code ist nicht einzustellen. Es macht aber nichts, weil ich ja gleich wieder zurückkomme.

Die Deutung

Versetzen Sie sich in Tessi. Sie sind weggedämmert und wachen plötzlich auf, weil es Ihnen kalt ist. Das Buch liegt auf dem Boden, das Handy eingeschaltet auf dem Nachttisch. »Ist das denn mein Handy, welches da auf dem Nachttisch vor sich hinpiepst, da der Akku sich entlädt?« geht es Ihnen durch den Kopf – und plötzlich erinnern Sie sich deutlich an jenen Traum. Da er so klar vor Ihrem inneren Auge nochmals abläuft, notieren Sie einige Stichworte, schalten das störende Handy aus, löschen das Licht und schlafen wieder ein.

75

Am nächsten Morgen bestürmt Sie die Frage: Was mache ich nun mit diesem Traum?

Irgendwie scheint er wichtig zu sein, sonst hätten Sie ihn nicht derart deutlich erinnert.

Nach der DreamCreativity®-Methode werden Sie sich zunächst Ihrer Reaktionen auf einen Traum bewusst. Behalten Sie dabei stets Ihre Frage im Kopf »Wie werde ich erfolgreicher?«.

Was war Ihr erstes Gefühl, als Sie in der Nacht diesen Traum so deutlich erinnerten? Wie fühlen Sie sich jetzt, wenn Sie sich nochmals Ihre Traumaufzeichnungen genau durchlesen?

Tessi war aufgeregt. Dieser Traum – so vermutete sie – hat etwas mit ihrer Frage zu tun: Drehbuchautorin oder Schauspielerin? Eigentlich bot ihr der Traum selbst schon eine Idee zu einem Drehbuch, zum anderen erinnerte sie die Begrüßung des schweigenden Pärchens an einen effektiven Bühnenauftritt. Wie dem auch sei, sie wurde das Gefühl nicht los, dass dieser Traum ihr zu einer Antwort auf ihre Frage verhelfen möchte. Wie nur?

Als Tessi schreiben Sie nun stichwortartig all Ihre Gefühle auf, die in Konfrontation mit diesem Traum hochsteigen. Es entsteht eine kurze Liste:

- angenehm,
- aufgeregt,
- erwartungsvoll,
- geborgen und gut aufgehoben,
- gelassen.

Da Sie positiv auf Ihren inneren Film reagieren, können Sie davon ausgehen, dass der Traum eine hilfreiche Aussage für Sie bereithält. Wäre dagegen Ihre Reaktion negativ ausgefallen, würden diese Bilder Sie wahrscheinlich vor etwas warnen wollen. Sie würden Ihnen womöglich mitteilen, was Sie aufgeben müssen, wo Sie sich ständig selbst im Weg stehen oder Sie auf etwas vorbereiten, dass unangenehm für Sie ist. Glücklicherweise ist das bei diesem Traum nicht der Fall. So können Sie sich auf den positiven Ratschlag dieses Traums konzentrieren – der freilich noch im Verborgenen liegt. Und wenn etwas im Verborgenen liegt, müssen Sie den Detektiv spielen, der auf Indizienjagd geht.

Was für den Detektiv die Indizien, sind für den Traumdeuter die Symbole. Sie erhellen den verborgenen Sinn des Traums, sein Motiv, seine Aussage.

Nachdem Sie sich Ihrer Gefühle klar geworden sind, schreiben Sie alle Symbole dieses Traums in der Reihenfolge ihres Auftretens auf. Tessi war dieses Vorgehen nicht unbekannt: So ging man früher beim Theater vor: Die Personen des Stückes wurden in der Reihenfolge ihres Auftretens aufgelistet und mit ein bis zwei Sätzen charakterisiert. Das half dem Betrachter, sich im Dickicht des Stückes zurechtzufinden. Das Aufschreiben der Symbole hat die gleiche Funktion.

Die Liste der Traumsymbole:
- Haus: ein zweistöckiger Klinkerbau, der bewachsen ist
- Grundstück: es ist groß, das Gebäude liegt in seiner Mitte
- Kiefern: stehen seitlich vom Haus, sie wirkten »zerzaust«, »wie am Meer«
- Auffahrt: elegant und geschwungen
- Schule: sehr klein
- Schülerin: sie ist das Traum-Ich, aus ihrer Perspektive wird der Traum erlebt
- Schüler: fünf, davon erinnert einer Tessi spontan an John Lennon mit runder Nickelbrille und Bartstoppeln
- Unterricht: der Unterricht ist beendet
- Ausflug: er soll am Abend stattfinden
- Sachen: dazu gehören ein Pullover, Unterhemden, Hosen und der Orangensaft
- zu Hause: es gibt zwei Zuhause
- Büro: Tessi bemerkt erstaunt »es sieht wirklich wie mein Büro zu Hause aus«
- Telefon: es ist wohl sehr wichtig, da am Schluss noch das »Handy« eine wichtige Rolle spielt
- Bild: geometrisch »wie ein Mandala«, setzt Tessi beim Aufschreiben noch hinzu
- VW-Bus: »eigentlich sah der mehr wie ein Pickup aus«
- Buchara: zentrale Stadt der Sufis und tanzenden Derwische
- Treppe: aus Holz, hochherrschaftlich
- Pärchen: nur sie spielt eine Rolle, es fällt sogleich ins Auge, dass sie wegen der Nährcreme eigenartig glänzt; er gleicht mehr einem Statisten
- Schweigen: es wird durch Gesten kommuniziert
- Handy: wird vertauscht

Die DreamCreativity®-Methode empfiehlt, jedes Symbol genau so zu charakterisieren, wie es im Traum auftritt. Ob Sie vom einstöckigen Holzhaus oder einem zweistöckigen Klinkerbau träumen, macht einen gewaltigen Unterschied in der Sprache der Träume: Beim ersten Haus handelt es sich um ein natürliches Material, das die Assoziationen »urig«, »Blockhütte«, »romantisch« entstehen lässt, beim zweiten Haus um ein anorganisches, gebranntes Material, das die Assoziation »warm«, »modernes Wohnhaus« entstehen lässt.

Wenn Sie die Symbole so aufgeführt haben, entsteht in Ihnen normalerweise schon eine Ahnung, was dieser innere Film Ihnen sagen möchte. Um das zu präzisieren, schreiben Sie hinter diese Symbole all das, was Ihnen dazu einfällt und unterstreichen Sie all die Einfälle, die Ihnen für Ihre Frage nach dem Erfolg wichtig zu sein scheinen.

Schauen wir uns an, was Tessi einfiel, die freilich als Schauspielerin an eine symbolische Sprache gewöhnt ist.

Haus, Büro und Kiefern

Das Haus bildet für die Träumerin die Bühne, auf der sie sich darstellt und in Szene setzt. Zugleich ist es aber auch der private Teil ihres Lebens. »Wie eng ist mein Privatleben mit meiner Arbeit verbunden!« Sicherlich verweisen auch die beiden Stockwerke auf diese Verbindung: Unten findet die Schule statt (öffentlicher Raum, Arbeit), dort ist aber auch die Küche (privater Raum). Oben ist das Büro (Arbeitsraum), aber auch das Schlafzimmer (privater Raum).

»Für meine Entscheidung ist es wichtig, die Verbindung von Arbeit und Privatem zu beachten. Wenn ich Drehbücher schreibe, ist beides noch viel mehr miteinander verbunden, da ich zu Hause arbeiten werde. Das finde ich gemütlich!« wird Tessi klar.

Ihnen könnte noch aufgefallen sein, dass die Bewachsung des Hauses auf Naturnähe verweist, die Klinker wegen ihrer dunkelroten Farbe auf einen Ort, an dem tiefe Gefühle ausgedrückt werden.[16]

Das Stichwort »Bewachsung« regt Tessi dazu an, von ihrer Sehnsucht nach mehr Natur zu sprechen. Das Bild der Kiefern unterstützt dieses Gefühl noch. An dieser Stelle hätte sich Tessi fast schon entschieden, Drehbücher zu schreiben, da sie dann in solch einem schönen Haus in der Natur wohnen kann. »Die Natur wird mich sicher zu kreativen Ideen anregen!« Aber nach einer Pause setzt sie hinzu: »Allerdings, wenn ich nicht erfolgreich bin, kann ich solch ein Haus nicht halten. Das ist auch ein großer Druck.«

Zu den Klinkern fällt Tessi nichts ein. Es ist auch gar nicht nötig, dass einem zu jedem Symbolaspekt Einsichten oder Assoziationsketten kommen. Wenn Ihnen bei einem Symbol oder Symbolaspekt nichts einfällt, gehen Sie gelassen zum nächsten Symbol über. Erzwingen Sie nichts!

Grundstück
Wie aus der Pistole geschossen, assoziierte Tessi hier »Weite«. Für sie war das so treffend, dass weitere Gedanken unnötig waren.

Das eigene Grundstück im Traum symbolisiert oft die Erdung, nach der der Träumer oder die Träumerin sich sehnt. Besonders bei Menschen, die wie Tessi ein bewegtes Leben führen, erinnert das Grundstück an Ruhe und Privatheit – das englische »my home is my castle« ist auch auf das Grundstück zu übertragen, wobei beim Grundstück die Erdung noch mehr als beim Haus betont wird. Grundstück ist ein Stück Grund: Gründung, Erde ...

Folgen Sie bei der Betrachtung Ihrer Traumbilder Ihrer Intuition: Sie sagt Ihnen unmissverständlich, ob ein Einfall passt oder an der Haaren herbeizogen ist.

Assoziieren Sie, ohne sich dabei zu bewerten – das heißt: Nehmen Sie alle Einfälle, so wie sie in Ihnen aufsteigen; unterdrücken Sie keinen Einfall.

Sollte Ihnen zu einem Traumsymbol nichts einfallen, gehen Sie zum nächsten über (vielleicht fällt Ihnen später noch etwas ein).

Man weiß, wenn man den Nagel auf den Kopf getroffen hat! Auch Sie spüren, ob ein Gedanke trifft oder an den Haaren herbeigezogen ist. Verlassen Sie sich wie Tessi auf Ihr Gefühl! Sagt Ihnen Ihr Gefühl: »Genau das ist es!« werden auch weitere Assoziationen Sie nicht weiterbringen – Sie können jedoch den ersten Eindruck noch ausarbeiten und vertiefen.

Auffahrt und Treppe
Als Schauspielerin fällt einem bei Auffahrt zuerst der große Auftritt ein. So ähnlich wie bei der hochherrschaftlichen breiten Treppe: Wer denkt da nicht an Sissi, welche die Treppe Ihres Schlosses würdevoll hinabschreitet.

»Ja, im Theater habe ich täglich meinen großen Auftritt. Zurückgezogen in solch einem Haus, freilich meinem Traumhaus, werde ich selten solch große Auftritte haben. Werde ich so alleine mit meinem Freund da glücklich leben können? Ich kann doch nicht jeden Tag große Empfänge geben. Das will ich auch gar nicht!« Bei der Auffahrt und der Treppe hält uns die klassische Traumdeutung an, immer auf die Richtung zu achten. Aus welcher Perspektive wird die Auffahrt gesehen? Sehen wir zum Haus hin, wird besonders das Häusliche betont. Sehen wir vom Haus weg, wird eher die Freiheit angesprochen. Bei der Treppe verhält es sich ähnlich: Achten Sie in Ihren Träumen darauf, ob Sie die Treppe hinauf- oder hinabgehen. Das ist mit einem unterschiedlichen Gefühl verbunden: Hinauf schafft den Überblick, Hinab deutet häufig die Annäherung an die eigene Tiefe an – es geht ins Unbewusste. Tessi kommt von oben, sie kontrolliert die Situation und begibt sich nach unten, das schweigende Pärchen zu begrüßen. Es scheint sich hier um eine Bewegung in die eigene Gefühlswelt zu handeln – was Tessi jedoch nicht sogleich auffiel. Das ist auch nicht unbedingt nötig, denn die Bedeutung eines Traums entfaltet sich schrittweise.

Schule mit fünf Schülern, Unterricht

Tessi versteht: Wenn Sie sich schreibend auf »ihren Landsitz« zurückzieht, hat sie noch einiges zu lernen. Bis jetzt war sie das glänzende Leben der großstädtischen Bühnen gewohnt, die Bewunderer, die Blitzlichter der Presse, Interviews und ständiger Trubel. »Auf dem Lande müsste ich auf vieles verzichten. Kann ich das? Will ich das? – Aber ich finde diese Schule gemütlich. Es muss doch auch einmal etwas Neues kommen. Ich will doch aus der Routine heraus, aus dem Gewohnten. Schon sehe ich die Bilder des Neuen in mir hochsteigen und mir wird es mulmig. So werde ich niemals weiterkommen. Das Bild sagt es: Im kleinen Rahmen werde ich lernen. Wir sind fünf Schüler, das finde ich gut. Ist nicht Fünf die Zahl der Venus?«

Tessi hat recht: Fünf ist die Zahl der Venus und der Harmonie. Sie gibt die absolute Harmonie wieder, da im Fünfeck – dem Pentagramm oder Druidenfuß (den Faust benutzte, um Mephisto zu bannen) – sich alle Linien im goldenen Schnitt teilen, der seit altersher als Symbol vollkommener Harmonie gilt.

Dieser John-Lennon-Typ ist einer der Schüler. »Freilich wurde John Lennon erschossen, aber er machte doch tolle Musik! Der trat doch am Schluss auch nicht mehr auf und schrieb nur noch – war das nicht so?«

Kommen wir noch einmal auf die Schule zurück: Der Unterricht dort schien nicht unangenehm zu sein. »Lernen macht auch Spaß!« assoziierte Tessi zu dieser Schule. Und zu Hause zu lernen ist doch ideal.

Ausflug

Sie werden bestimmt »Ausflug« mit Ferien, mit Freude und Spaß verbinden. Tessi tat das auch. Plötzlich traf sie die Erkenntnis: »Bei all den Proben und Aufführungen, PR-Terminen und Arbeitsessen habe ich überhaupt keine Zeit mehr für Ausflüge. Wie schön war das doch früher, als mein Freund und ich den Picknick-Korb packten und mit dem Rad aufs Land fuhren! Und jetzt? Ein Wochenende in Berlin ist nicht gerade der romantische Ausflug, nach dem ich mich sehne! Und dann muss ich da auch schon wieder in einer jener Szene-Kneipen den Regisseur nach seinen Plänen ausfragen. Drehbücher schreiben und ein Ausflug pro Woche, das geht doch bestens zusammen! Mein Leben kann doch nicht nur Arbeit sein!«

Der Ausflug hat immer mit der Freiheit zu tun, die Tessi schon gleich zu Beginn der Deutung erwähnte. Man befreit sich von der täglichen Routine. Die heilende Kraft der Natur kann wirken. Sie kann inspirieren und entspannen und so Kraft für Kreatives schaffen.

Rucksack

Zu Rucksack fallen mir stets meine Belastungen ein. Und wie ist das bei Ihnen?

Tessi fiel erstaunlicherweise gar nichts zu diesem Traumbild ein. Man kann das so hinnehmen und sich dem nächsten Symbol zuwenden, was ich Ihnen auch vorhin empfohlen habe. Auf jeden Fall hat das den Vorteil, dass Sie so relativ schnell einen Überblick über Ihren Traum bekommen. Sie könnten allerdings auch – wenn Sie viel Zeit haben – dem nachgehen, warum Ihnen nun gerade zu diesem Symbol nichts einfällt. Bei Tessi ist das klar: Sie hat schon zu viele Belastungen und will sich verständlicherweise nicht mit dem Bild der Belastung auseinandersetzen. Freud hätte das »Verdrangung« genannt und gerade bei diesem Symbol weitergebohrt. Er war angetreten, das Unbewusste bewusst zu machen. Aber wie weit soll man dabei gehen?

Wenn Sie mit Ihren eigenen inneren Filmen arbeiten, brauchen Sie nur dann dieses inquisitorische Verhalten, wenn der Traum keinen

Sinn für Sie ergibt. Wenn also Tessi am Schluss der Traumbetrachtung nicht mehr darüber weiß als zu Beginn, ob Sie nun Drehbücher schreiben oder weiterhin auf der Bühne stehen soll, würde ich ihr empfehlen, sich noch einmal diejenigen Symbole vorzunehmen, zu denen ihr rein gar nichts einfällt. Ist das nicht der Fall, können solche Traumbilder in ihrer Deutung vernachlässigt werden.

Wenn Sie nämlich wie Freud und Jung versuchen, jedes Symbol bis in alle Tiefen auszudeuten, besteht die Gefahr, sich in tausenden von Kleinigkeiten zu verlieren und dabei die Antwort auf Ihre Frage aus den Augen zu verlieren.

Verlieren Sie sich nicht im Detail eines Traums, sondern verschaffen Sie sich zuerst zügig einen Überblick. Danach können Sie sich immer noch bei Unklarheiten dem einzelnen Detail zuwenden.

In schwierigen Lebenssituationen sollten Sie sich allerdings darum bemühen, auch gerade den Ihnen unzugänglichen Symbolen einen Sinn abzugewinnen – in deren Verständnis mag der Schlüssel für Ihr Leiden liegen. Zur Entschlüsselung unzugänglicher Traumbilder helfen Lexika der Traumsymbole oder die Befragung von Freunden oder Spezialisten.

Sachen: Pullover, Unterhemd, Hosen, Orangensaft

»Das ist alles, was ich benötige, wenn ich einen Ausflug machen könnte! Da möchte ich mich nicht groß belasten. Im Pullover fühle ich mich kuschelig, inkognito. Na ja und Unterhemden und Hosen braucht man halt, und der Orangensaft macht mir immer gute Laune. Ich habe das Gefühl, Sonne zu trinken.« Soweit Tessi.

Wenn Sie von Kleidung träumen, ist damit meistens Ihr Image gemeint, das Sie der Außenwelt vermitteln wollen. Wobei Unterhose und Unterhemd mehr mit Ihrem sexuellen Selbstbild zusammenhängen. Sie zeigen Ihnen, wie Sie zu Ihrer eigenen Erotik stehen. Man könnte Tessi noch fragen, wie denn ihre Unterwäsche aussieht, um genauere Hinweise auf die Einstellung zu ihrer Weiblichkeit zu bekommen. Das wäre aber nur notwendig, wenn Erotik und Weiblichkeit eng mit Tessis Frage zusammenhängen.

Die Oberbekleidung symbolisiert im Gegensatz zur Unterbekleidung die »Persona«, wie Jung es ausdrückte. Das heißt, Sie signalisiert, wie wir von anderen betrachtet und behandelt werden möchten. Nach der Devise »Kleider machen Leute« sucht sich auch unser Traum-Ich seine Kleidung genau aus. Was Sie im Traum tragen, zeigt häufig, was Sie im Leben darstellen möchten. Wie sich im Alltagsleben die Persönlichkeit über geschickt beworbene Marken in Szene setzt, so beruht die Kleidung im Traum auf persönlichen Wünschen und angestrebtem Image (auf dem Schein, der dem Sein wesenhaft ist).

Die Persona als nach außen gekehrte Persönlichkeit beruht also weitgehend auf konditionierten Gewohnheiten. Deswegen verweist die Kleidung nicht selten auf die Gewohnheiten der Träumerin oder des Träumers.[18]

Zuhause

Ist Ihnen aufgefallen, Tessi hat in ihrem Film zwei Zuhause. Das ist eigenartig: Sie wohnt in dem bewachsenen Ziegelhaus, aber lebt dort nicht richtig. Ihre »Sachen« sind woanders, weiter weg, so dass sie dort hinfahren muss. Hierin drückt sich eine seltsame Spaltung aus: Zuhause ist sie nicht zu Hause. Sie besitzt kein richtiges Heim, keine Erdung, lässt das vermuten.

Die Bilder unserer inneren Filme werden von unseren Sehnsüchten genährt – wir fühlen uns nach solch einem Traum gut.
Die Bilder unserer inneren Filme werden von unseren Befürchtungen genährt – wir fühlen uns nach solch einem Traum schlecht.
Die Stellung im Leben, nach der wir uns sehnen, zeigt sich in unseren inneren Filmen, häufig in unserer Bekleidung.

Unser innerer Regisseur setzt liebend gerne das in Szene, was wir begehren. Tessi drückte es schon beim Symbol »Haus« aus: Sie sehnt sich nach solch einem Heim, in dem sie leben und arbeiten kann. In ihrem Haus in diesem Traum dagegen findet nur Arbeit statt. Was wird dort erwähnt: Die Schule und das Büro. Privates spielt hier keine Rolle – bis vielleicht auf das Bild, das aber auch in jedem Büro hängen könnte.

Äußerlich ist dieses Haus Tessis Sehnsuchtshaus, innerlich ist es ihr Arbeitsbereich. Tessi hat es selbst schon angesprochen: Bei ihrem Traumheim liegt die Gefahr darin, Arbeit und Privates nicht trennen zu können. Sie werden es schon bemerkt haben: Sie hat die Tendenz zum Workaholic. Würde es ihr gut tun, zu Hause zu arbeiten?

Natürlich reflektiert die Traumsituation auch Tessis reale Situation: Sie besitzt eine schöne Wohnung in Hamburg, ein Ferienhaus in der Schweiz und ist sonst auf der Bühne zu Hause. Sie beklagt sich stets, fast nie in einer ihrer Wohnungen zu sein. Ihr innerer Film spiegelt ihr genau das vor: Ihr Zuhause ist eine Illusion, kein wirkliches Heim.

An dieser Stelle der Symbolbetrachtung, wird Tessi sich bewusst, dass noch eine viel grundsätzlichere Frage in ihr arbeitet. Drehbuchautorin oder Schauspielerin ist die oberflächlichere Ebene der Frage. Dahinter steht vielmehr die grundlegendere Frage für sie, wie sie sich einen persönlichen, privaten Raum schaffen kann. Diese Frage ließ Sie überhaupt nur die Frage nach ihrer zukünftigen Arbeit stellen. Sie sucht nach einem inneren Erfolg und keineswegs nach einem äußeren. Ein neues Betätigungsfeld soll ihr helfen, mehr zu sich zu kommen und sich innerlich zu entwickeln.

Symbole und Situationen, die skurril, eigenartig und unerwartet wirken, bei denen Sie das Gefühl beschleicht, dass irgend etwas nicht stimmt, bilden häufig den »Knackpunkt« in Traum und Phantasie. Es ist ganz typisch, dass sich an diesem Punkt die Ursprungsfrage modifiziert. Was uns im Wachbewusstsein bewegt, besitzt meistens tiefere Ebenen, die wir allerdings in diesem Bewusstseinszustand nicht erkennen können. Die Frage nach dem äußeren Erfolg wird an dieser Stelle der Traumdeutung häufig zu einer nach dem inneren Erfolg – oder auch umgekehrt. Wären wir uns bewusst, was wir wirklich wollen, hätten wir weniger Probleme, unser Ziel zu erreichen. Wir erreichen unser Ziel oftmals deswegen nicht, weil uns das Ziel nicht deutlich ist. Das systematische Vorgehen der DreamCreativity®-Methode verhilft uns dazu, schnell unsere wirklichen Ziele zu begreifen und entsprechend danach zu handeln. Diese Methode geht wie die moderne Kreativitätsforschung davon aus, dass die klare Formulierung eines Problems der erste und wichtigste Schritt für dessen Lösung darstellt.[18]

Steht Ihnen nur sehr wenig Zeit für die Beschäftigung mit Ihren Träumen zur Verfügung, dann empfiehlt diese Methode, sich nur den Szenen Ihres inneren Films zuzuwenden, die eigenartig widersprüchlich auf Sie wirken. Lassen Sie sich von Ihrer Intuition leiten, sie spürt auch gerade subtile Unstimmigkeiten sofort auf.

Steht Ihnen nur wenig Zeit zur Deutung Ihrer inneren Bilder zur Verfügung, konzentrieren Sie sich
• auf das Unerwartete und Ungewöhnliche,
• auf Wiederholungen,
• auf Widersprüche.
Hier liegt oft der Schlüssel zum schnellen Verständnis Ihres Traums.

Telefon und Handy

Achten Sie auf Symbole oder Szenen, die wiederholt auftreten.

Typisches Szenario: Sie erwachen morgens mit einem Traumfetzen im Kopf. Sie stehen unter Zeitdruck. Eine Phantasie drängt darauf, begriffen zu werden. Nichts wirkt widersprüchlich auf Sie, nichts verständlich. Vielleicht gibt es wie in Tessis Traum ein Symbol, das öfters auftritt? Ist das der Fall, können Sie aufatmen. Beginnen Sie mit diesem Symbol die Betrachtung Ihrer Phantasie.

Ich habe Ihnen jetzt zwei Möglichkeiten der Anwendung meiner Methode unter Zeitdruck vorgeschlagen. Seien Sie sich jedoch dessen bewusst, dass es sich hierbei nur um Kurzformen handelt, die auch ihre Begrenzung aufweisen. Eine Betrachtung aller Symbole ist einfach viel differenzierter, das heißt, sie vermittelt Ihnen mehr Einsichten und Ideen. Was hier sehr langwierig erscheinen mag, läuft bei Ihnen sehr schnell ab. Die Einfälle zu den einzelnen Symbolen stürmen auf Sie ein. Sie erkennen viel schneller als erwartet, was Ihr Lehrfilm Ihnen vermitteln möchte.

Das Telefon ist wie das Handy ein gebräuchliches Symbol für die indirekte Kommunikation. Das erkannte Tessi sogleich, als sie über ihre Befürchtungen sprach, in ihrem Traumhaus auf dem Land von aller Kommunikation abgeschnitten zu sein. »Aber«, setzte sie hinzu, »Telefon und Handy bieten zugleich auch eine Chance, eben nicht aus der Welt zu sein. Warum habe ich jedoch mein Handy vertauscht? Will das meine Befürchtungen zeigen, auf dem Lande doch nicht mehr so mobil in meiner Kommunikation zu sein? Das Handy ist ja nutzlos, wenn ich meinen Code nicht eingeben kann. Aber alles hat seinen Preis. Jetzt bin ich ja vielmehr Sklavin meines Handys, das mehr stört als hilft. Wenn ich nicht mehr durch die Welt hetze, genügt ein Festnetztelefon völlig – oder?«

Das Handy ist ein treffendes Symbol für Tessis jetzige Situation: Sie muss stets kontaktbereit sein. Als sie sich mit dem schweigenden Pärchen in ihre Mitte, in ihre Heimat begibt (dort, wo ihre Sachen sind), da fällt diese ständige Erreichbarkeit aus – sie ist nicht mehr nötig. Tessis kurzer Kommentar dazu: »Mit dem Handy in meinen Garten zu gehen, fände ich fürchterlich!«

Träume sind alles andere als platt. Simpel sind höchstens die Deutungen. Jeder Traum wägt Vor- und Nachteile ab. Dadurch wird der Träumer auf realistische Situationen eingestellt. Es geht beim Streben nach Erfolg – sei es nun der innere oder äußere Erfolg – nicht darum, etwas zu idealisieren, sondern um knallharten Realismus.

Wer aus einer idealistischen Einstellung Erfolg anstrebt, der wird an dieser Illusion scheitern. Wer jedoch differenziert Licht und Schatten sieht, der kann erfolgreich handeln. Würde es Tessi nicht bewusst werden, dass sie bei der Verwirklichung ihres Traums vom Landhaus weniger direkte Kommunikation haben wird, würde sie sich nicht auf einer realistischen Grundlage entscheiden. Sie würde womöglich schlimm darunter leiden, sich isoliert fühlen und totunglücklich mit ihrer Entscheidung sein. Ihr Traum regt sie dazu an, Vor- und Nachteile zu bedenken. Er stimmt sie damit zugleich auf zu erwartende Schwierigkeiten ein. Tessi entscheidet sich bewusst, dass die geringere Kommunikation für sie keineswegs ein Nachteil ist.

> Ihre inneren Filme sind alles andere als platt und plakativ. Versuchen Sie stets die Zwischentöne, die Differenzierungen, das Abwägen wahrzunehmen.
>
> Fragen Sie sich stets am Ende einer Deutung, ob diese nicht zu klischeehaft ist. Haben Sie das Gefühl, dann suchen Sie in der zweiten Betrachtung nach Zwischentönen.

Bild

Kunst, ob ein Gemälde, Musik oder Literatur, möchte Strukturen des Lebens vermitteln. Der Traum als Film gesehen, ist ebenfalls ein Kunstwerk. Wir haben es bei dem Symbol Bild mit einem Kunstwerk im Kunstwerk zu tun. Häufig benutzt der Künstler wie unser innerer Regisseur so ein Kunstwerk im Kunstwerk, um seine Aussage noch einmal auf anderer Ebene zu verdeutlichen. Betrachten wir das Bild also genauer: Es ist ein geometrisches Bild, ein Mandala. Ein derartiges Mandala besteht wie Tessis Bild aus einem Kreis, der in verschiedene Segmente aufgeteilt ist. C.G. Jung widmete ein ganzes Buch dem Symbol des Mandalas, das er als archetypisches Symbol des Selbst erkannte.

Archetypische Symbole sind relativ selten im Traum – im Kinofilm treten sie übrigens viel häufiger auf. Zu ihnen gehört der Schatten, der sich in Bildern des Bösen zeigt, die uns an die Welten der Märchen, Mythen oder auch der literarischen Klassiker erinnern. Das Weibliche und das Männliche können ebenfalls in archetypischer Form auftreten. Da treten uns dann engelsgleiche oder hexenartige Frauen entgegen oder wir treffen auf Helden oder teuflische Männer. Zum Archetyp des Selbst gehören klare geometrische Formen – wie eben die Mandalas.[19]

Archetypische Symbole im Traum zeigen an, dass
- eine wichtige Änderung bevorsteht
- eine wichtige Änderung gerade durchlaufen wurde.
Positive archetypische Symbole erscheinen nur dann im Traum, wenn man sich erfolgreich verändert hat oder verändern wird. Negative archetypische Symbole erscheinen dann im Traum, wenn wesentliche Veränderungen durchgeführt werden müssen, um sich positiv zu verändern.
Das Mandala – der viergeteilte Kreis (Quaternitätssymbol) – zeigt immer an, dass der Träumer sich auf dem Weg zur inneren Einheit befindet: Gefühl, Bewusstsein und Körper streben ein harmonisches Ganzes an.

Solche Symbole treten nur dann auf, wenn eine wichtige Veränderung bevorsteht oder gerade durchlaufen wurde. Jung beobachtete, dass speziell das Mandala – jede Variation auf einen viergeteilten Kreis für ihn – in Traum und Phantasie erscheint, wenn die Person ganz – im Sinne von geheilt – wird. Das Mandala zeigt also an, dass sich die Träumerin auf dem rechten Weg befindet. Sie wird einen inneren Erfolg erleben, da sie harmonischer die verschiedenen Tendenzen oder Personen in sich vereinigen kann.

Tessi träumt vom Mandala, für das sie nicht den geeigneten Platz findet. Stellen Sie sich vor, sie hätte den geeigneten Platz problemlos in ihrem Traumhaus gefunden. In diesem Fall wäre die Entscheidung einfach: Im Landhaus zu leben und zu arbeiten, bringt ihr den ersehnten Erfolg. Aber sie findet keinen passenden Platz für das Bild. Es bleibt, eher zufällig an eine Wand gelehnt, stehen. Wenn Sie sich in diese Situation hineinfühlen, spüren Sie, dass Tessi zwar in ihrem Landhaus die Chance hat, ihren Lebenstraum zu verwirklichen, aber wie das genau geschehen kann, bleibt unklar. Tessi wird durch diese Traumszene aufgefordert, sich genauer zu überlegen, wie sie sich in diesem Haus erfolgreich verwirklichen möchte. Ihr innerer Film zeigt ihr, wo ihre Vision konkretisiert werden muss. Das Potential ist vorhanden, das Wie der Umsetzung bleibt vage. So tritt der Traum als verantwortlicher Berater auf, der sagt, wo noch gearbeitet werden muss. Auf solche Hinweise sollten Sie stets in Ihren inneren Filmen achten.

Tessi würde eine Phantasie helfen: Wenn Sie Ihre Augen schließt und sich das Bild noch einmal genau vorstellt, sollte sie sich dann vornehmen, dieses Bild in ihrem Traumhaus aufzuhängen. Ganz spontan sollte sie die passende Wand finden. Dabei ist es notwendig, dass sie sich voll bewusst ist, welche Vorstellungen ihr durch den Kopf gehen.

Normalerweise findet man bei solch einer kurzen Phantasie sogleich den geeigneten Platz für das Bild. Der Platz, wo nun das Bild aufgehängt wird, kann wiederum symbolisch betrachtet werden. Hängt es im Schlafzimmer über dem Bett, so bietet dieser private Bereich der Träumerin die beste Möglichkeit, sich zu entwickeln und zu vollenden. Würde es zum Beispiel im Arbeitszimmer über dem Schreibtisch aufgehängt, wäre die Arbeit das Mittel zur Selbstentfaltung. Im Esszimmer wäre es die bewusste Aufnahme der Nahrung, die nicht nur aus Speisen, sondern auch aus Sinneswahrnehmungen besteht, und im Wohnzimmer wäre die Kommunikation mit Freunden das Erlösende für sie.

VW-Bus, Buchara

Der VW-Bus, der zugleich ein Pickup ist und schon in Buchara war, ist wahrlich ein unkonventionelles Fahrzeug. Herr Biedermann würde sich sicher nicht in einen derartigen Wagen setzen. »Es ist kein Serienmodell!« wundert sich Tessi. Auf unkonventionelle Weise werden die beiden Zuhause von Tessi miteinander verbunden. Als Pickup kann das Auto Lasten transportieren, was in der symbolischen Sprache heißt: Diese Verbindung ist belastend. Es liegt auf der Hand: Nur an einem Ort zu wohnen, wäre einfacher.

Dieser Bus ist wie Tessi weitergereist – bis nach Usbekistan. Buchara ist seit dem Mittelalter ein heiliger Ort der Sufis und spielt in Gurdjieffs Autobiographie »Begegnungen mit bemerkenswerten Menschen« eine wichtige Rolle. Tessi erinnert sich sogleich daran, diesen Treffpunkt der Derwische in Peter Brooks Verfilmung von Gurdjieffs Buch gesehen zu haben. »Ist nicht Peter Brook selbst in Buchara gewesen, als er Drehorte für diesen Film suchte?« fragt sie sich und von nun an drehen sich ihre Gedanken um Peter Brook, den sie als genialen Regisseur verehrt.

Kennen Sie das auch von Ihrem Gedankenfluss: Sie bekommen irgendein Stichwort, die Gedanken hüpfen hin und her und landen plötzlich ganz woanders – weit vom Ausgangspunkt entfernt. Freud, als »Erfinder« der Assoziation, ging davon aus, dass es genau um dieses unerwartete Ziel der Gedanken geht. Ich behaupte kühn, es geht auch hier weder um die usbekische Stadt Buchara, noch um die Sufis oder Gurdjieff, sondern um Peter Brook. Das ergibt auch sogleich einen Sinn – speziell für einen Profi der Bühnenkunst –, denn Peter Brook litt Jahre seines Lebens daran, dass er zwei Wohnungen hatte – London und Paris –, sich aber für keine endgültig entscheiden konnte. Zum anderen erfüllte sich dieser Avantgarde-Regisseur einen Lebenstraum, indem er das Drehbuch zum »Mahabarata« schrieb und mit diesem Stück weltberühmt wurde. Tessis innerer Berater scheint ihr nahe zu legen, sich von der Lebensgeschichte Peter Brooks anregen zu lassen, um ihren Lebenstraum zu konkretisieren. Wollen wir hoffen, dass Peter Brook sie dazu anregt, den Platz für ihr Mandala-Bild zu finden.

Folgen Sie Ihren Gedanken ohne Bewertung und Zensur, wo immer diese Sie auch hinführen möchten – auch wenn sie noch so sprunghaft und unberechenbar erscheinen. Das eröffnet Ihnen neue Perspektiven auf Ihre inneren Filme und Ihr Leben. Achten Sie auf das Unvorhergesehene, seien Sie offen für neue Ideen und Gedanken – wie abgelegen sie auch sein mögen.

Aber zurück zu diesem ungewöhnlichen VW-Bus: Er verdeutlicht Tessis Schwierigkeiten, kein richtiges Zuhause zu haben. In dieser Situation verbildlicht er den Wunsch nach einem Heim (denn nur mehrere Wohnstätten müssen mit einem Fahrzeug verbunden werden). Das wird auch dadurch deutlich, dass Tessi diesen Bus zwar als »cool«, aber zugleich auch als »unbequem« bezeichnet.

Der Bus verbindet also die beiden Orte, an denen Tessi wohnt. Diese Verbindung ist sehr unkonventionell und von ihr nicht freiwillig gewählt. Es ist nicht ihr Bus. Sie ist auf die Hilfe anderer angewiesen, die sozusagen mobiler sind als sie. Hier stellt sich die Frage nach Tessis Mobilität – der Tessi jedoch nicht nachging. Mobilität scheint zur Zeit kein Problem für sie zu sein, deswegen kann dieser Aspekt – zumindest zunächst einmal – vernachlässigt werden.

Als ich diesen Traum zum ersten Mal hörte, konnte ich dieses eigenartige Paar überhaupt nicht einordnen. Für mich bildete es das große Geheimnis dieses Traums. Auch Sie werden immer wieder in ihren Träumen auf solche Geheimnisse stoßen, die sich nicht so schnell lüften lassen. Soll man versuchen, in detektivischer Kleinarbeit dieses Rätsel zu lösen? Oder geht man den Weg des Faulen, indem man das Rätsel Rätsel sein lässt? Im Kriminalroman ist der Detektiv immer davon besessen, das Rätsel (der Tat) zu lösen. Freud, Jung und ihre Nachfolger stürzten sich mit ebensolcher Besessenheit auf jedes Traumbild ihrer Klienten. Dabei bewegten sie sich einerseits oft am Rand der Überinterpretation. Andererseits lüfteten sie wie Sherlock Holmes Geheimnisse, die zunächst als unlösbar galten. Im Kriminalroman wie in den veröffentlichten Traumdeutungen bleibt selten ein »Fall« ungelöst. In der Realität der praktischen Traumdeutung sieht es ganz anders aus: Schon aus Zeitgründen bleiben viele Szenen der inneren Filme dunkel. Auch Sie werden nicht jede Szene Ihrer inneren Filme verstehen können. Manche Träume wahren ihr Geheimnis, andere lüften es erst nach langer Zeit. Es gilt als wichtige Regel: Zwingen Sie keine Deutung herbei! Wenn Ihnen nach angemessener Beschäftigung nichts zu einem Traumbild einfällt, akzeptieren Sie das. Wo nun eine »angemessene Beschäftigung« aufhört, das entscheiden einzig und alleine Sie! Oft hilft Ihnen Ihre Intuition, die Ihnen zuraunt: »Es hat keinen Sinn!« oder »Bleibe dran!«.

Mancher Traum, manches Traumbild mag sich Ihnen nicht mitteilen, es bleibt geheimnisvoll. Vielleicht müssen Sie lernen, dass nicht alles von Ihnen zu durchschauen ist, dass Sie Geheimnisse akzeptieren müssen.

Es kann aber auch sein, dass Sie lernen müssen, sich mit all Ihrer Kraft für die Lösung eines Geheimnisses oder eines Problems einzusetzen.

Welche von beiden Möglichkeiten für Sie zutrifft, wissen Sie selbst am besten.

Als Traumspezialist sieht für mich die Situation anders aus: Wie ein besessener Detektiv muss ich jeder Spur folgen. Also nehmen wir uns das rätselhafte Paar genauer vor. Als erstes fällt mir auf, dass es sich vom Traumbild her um ein unsymmetrisches Paar handelt. Es scheint nur um die Frau zu gehen, Tessi kann sich an den Mann gar nicht konkret erinnern. Die Frau wird freilich einprägsam beschrieben: Ihr Gesicht glänzt. Es ist mit Nährcreme gesättigt. Das gehört augenscheinlich zu der ominösen Schönheitskur – wie das Schweigen. Dieses Paar ist genauso außergewöhnlich wie Ihr Fahrzeug. Und hier kommt Tessi nicht weiter – ich auch nicht. Versuchen wir also einen anderen Zugang. Das empfehle ich Ihnen grundsätzlich in einer solchen Situation: Bleiben Sie mit Ihrem Traumverständnis stecken, ändern Sie die Perspektive. Wir wissen, dass unserer inneren Filme Eigenschaften von uns in Szene setzen. So fragen wir Tessi: »An welche deiner Eigenschaften erinnert dich diese Frau?«

»Na ja,« antwortet sie ohne Zögern, »in meinem Alter und meinem Beruf muss ich schon meiner Schönheit nachhelfen. Diese Nährcremes für den Tag und für die Nacht kenne ich gut. Ich hab auch schon einige Schönheitskuren erlitten – allerdings ohne Schweigen. Auf der Bühne muss man halt schön sein. Als Drehbuchautorin würde der Zwang abfallen. Erst kürzlich war ich mir mit Olga darüber einig, unter welchen Zwang zur Schönheit wir stehen: Bei jedem Interview müssen wir die strahlend schöne Frau herauskehren – und das bei dem Standard, den die Frauenzeitungen mit ihren Fünfzehn- und Sechzehnjährigen vorgeben. Im Leben gibt es für uns doch nur zwei Rollen, entweder die ewig Junge, die dann wie Cher permanent an sich herumschnibbeln lässt, oder die Alte, deren Gesicht zwar faltig sein darf – aber bitteschön: die Falten müssen fotogen sein!«

»Ich versteh Dich recht, Du liebäugelst mit der Drehbuchautorin, weil Du älter wirst?« werfe ich ein.

Die Frage schlug wie eine Bombe ein. Auf aggressive Ablehnung folgte bruchlos Erkenntnis. Das schien das wichtigste Argument für ihre Zukunftsplanung zu sein.

Wird durch die Traumbetrachtung ein Gefühlsausbruch provoziert, können wir mit absoluter Sicherheit davon ausgehen, dass wir auf einen wichtigen Hinweis des Traums gestoßen sind. Das ist speziell der Fall, wenn dieser Gefühlsausbruch von empörter Ablehnung geprägt ist. Was wir vehement ablehnen, das hat nach Freud und allen Tiefenpsychologen immer mit tief verdrängten Ängsten zu tun, die bewusst gemacht und dadurch aufgelöst werden wollen. Aber nicht nur der negative Gefühlsausbruch zeigt uns die tieferen Hinweise unseres Traums, sondern auch der positive Ausbruch wie plötzlich befreites Lachen. Gefühlsintensitäten sind wichtige Wegweiser bei der Traumdeutung!

Warum schweigt das Paar?

Wie hängt Schweigen mit Schönheit zusammen?

Natürlich stellt sich auch Tessi diese Fragen. »Wenn alles im Traum wir selbst sind, dann schweige ich hier. Meine Sehnsucht nach Ruhe, ja wirklich nach Schweigen wird hier angesprochen.«

Tessi muss ständig reden: auf der Bühne, bei Interviews, auf den obligatorischen Partys. Durch permanentes Reden verströmt man sich. Sie spürt das sehr deutlich.

Kommen wir nun wieder auf unsere Ausgangsfrage zurück, wie Tessi Ihren Lebenstraum verwirklichen kann: Sie braucht mehr Ruhe und zwar innere Ruhe. »Wenn ich alleine leben und den ganzen Tag arbeiten und dabei schweigen würde, dann würde ich endlich einmal alle meine Ideen entwickeln können. Ich stelle mir vor, dass dabei ein Drehbuch nach dem anderen mir locker aus meiner Feder fließen würde.« Tessi ist sich sicher, dass diese Distanz zu anderen, die dieses Schweigen unweigerlich schafft, ihr eher guttun würde.»Distanz zu anderen schafft Nähe zu mir!« behauptet sie überzeugend.

Schweigen bedeutet, nach innen zu hören. Und dieses Lauschen auf die eigenen Impulse ist eine der Grundlagen für den inneren Erfolg. Und das innerer Erfolg schön macht, weiß jeder.

Sie als Träumerin oder Träumer beschließen, wie weit die Deutung gehen soll.

Die DreamCreativity®-Methode betont die Wichtigkeit, sich jedem Traum mit einer Frage zu nähern, da dann eindeutig entschieden werden kann, ob man der Antwort näherkam oder nicht. Ist die Ausgangsfrage zu beantworten, sollte man mit der Deutung der inneren Bilder aufhören.

Traumdeutung ohne eine klare Frage verliert sich im Unendlichen.

»Wie werde ich erfolgreicher?« lautet eine der wesentlichen Fragen, mit der wir an den Traum herantreten können. Vergessen Sie aber niemals dabei, dass der Erfolg sich in zwei Pole aufspaltet: den inneren und den äußeren Erfolg.

Ich halte hiermit den Traum für gedeutet. Natürlich gibt es immer noch einige Details, die nur oberflächlich oder gar nicht betrachtet wurden, aber es ging hier ganz klar um die Frage nach einer erfolgreichen Zukunftsgestaltung. Meinen Sie nicht auch, dass diese Frage jetzt differenziert und überzeugend beantwortet werden kann? Tessi war an diesem Punkt dieser Meinung – und die Träumerin sollte immer die letzte Entscheidung haben, wie weit die Deutung gehen und wann sie abgeschlossen werden sollte.

Wenn Sie sich nach den Assoziationen zu den einzelnen Traumbildern noch unklar sind, was der Traum Ihnen rät, dann hilft es, sein Augenmerk auf die Verbindung der Symbole zu richten. Statt dem einzelnen Symbol wenden Sie sich nun den einzelnen Situationen zu. In ihrem Traum könnte Tessi zwei Situationen genauer betrachten:
1. die Situation in ihrem Haus,
2. die Situation, die mit der Ankunft des schweigenden Paares beginnt.

Das ist in diesem Fall nicht nötig. Tessi weiß jetzt, was sie wissen wollte. Außerdem betrachteten wir die einzelnen Symbole schon eingebettet in die Situation ihres Auftretens. Das geschieht meistens bei der Assoziation. Eine gesonderte Betrachtung der Szenen des inneren Films ist damit unnötig. In Träumen, die dagegen wenig Symbole und viel Handlung aufweisen, ist die Betrachtung der Situationen oft erhellender als die der einzelnen Symbole.

Die aus dem Traum gewonnen Einsichten sollten schriftlich fixiert werden. Dabei schreibt man seine Frage auf, darunter so systematisch und differenziert wie möglich die Antworten.

Wie in der Buchführung Soll und Haben aufgeführt wird, um den Saldo zu bestimmen, führen wir die »Pros« und »Kontras« auf, um Klarheit über unsere Situation zu gewinnen und um eine wirksame Affirmation bilden zu können.

Die DreamCreativity®-Methode empfiehlt in diesem Stadium der Traumdeutung, dass alle Einsichten in bezug auf die Frage nach erfolgreicher Lebensgestaltung schriftlich skizziert werden. Einsichten, die nur »im Kopf« bleiben, aber nicht niedergeschrieben werden, vergißt man viel schneller. Die schriftliche Fixierung stellt in unserer Kultur auch eine besonders dringende Verpflichtung dar, sich entsprechend zu verhalten. Sehen Sie dieses Niederschreiben Ihrer Einsichten als einen Vertrag an, den Sie mit sich selbst schließen, um erfolgreicher zu werden.

Ich ziehe es vor, bei dieser Niederschrift sehr systematisch vorzugehen. Da steht die Frage nach dem Erfolg, und es ergeben sich mehrere Möglichkeiten, ihn zu erringen. Also notiere ich mir jede Möglichkeit und führe auf, was für und was gegen sie spricht. Am Ende ziehe ich sozusagen die Summe und bilde daraufhin eine Affirmation.

Für Tessis Traum ergibt sich folgende Bilanz:

Frage: wie kann ich mein Leben erfolgreicher gestalten?
Möglichkeiten: 1. weiterhin Schauspielerin zu bleiben
                      2. Filmdrehbücher zu schreiben

Schauspielerin	
was spricht dafür (Pros)	was spricht dagegen (Kons)
- täglich bewundert zu werden - im Mittelpunkt zu stehen - viel Kommunikation zu haben	- einseitig extravertiertes Leben - nicht zu sich zu kommen - unter permanenter Erreichbar- keit zu leiden - kein richtiges Heim zu haben, - immer unterwegs zu sein
Drehbuchautorin	
was spricht dafür (Pros)	was spricht dagegen (Kons)
- in einem gemütlichen Heim in derNatur leben zu können - Möglichkeiten innerer Entwicklung - freiere Disposition der Freizeit - dem Alter angemessener zu leben - Arbeit und Wohnen unter einemDach	- Angst davor, alleine zu sein - Kommunikatiosverlust - Erfolgsdruck, um sich solch ein Haus leisten zu können - die Idee ist noch nicht aus- gegoren - Arbeit und Wohnen unter einem Dach bietet die Gefahr, immer zu arbeiten

Im nächsten Schritt liegt es nun an, diese Bilanz zu bewerten. Es hilft, sich dabei an die Unterscheidung von innerem und äußerem Erfolg zu erinnern. Entsinnen Sie sich noch an das Gespräch zwischen Tessi, Olga, Michael und mir aus dem letzten Kapitel? Tessi war der innere Erfolg sehr wichtig.

Es spricht eindeutig mehr dafür, dass sich Tessi für den inneren Erfolg entscheidet (das heißt keineswegs, dass der äußere Erfolg damit abgeschrieben wird!). Für sie bedeutet das, Drehbücher zu schreiben. Auf den äußeren Erfolg bezogen, wäre es günstiger, ihre Schauspielerkarriere auszubauen. Da zur Zeit für Tessi jedoch der innere Erfolg Vorrang hat, sollte sie sich als Drehbuchautorin versuchen – dabei darf sie jedoch keineswegs ihre Ängste verdrängen! Diese Ängste weisen auf noch zu lösende Probleme hin. Wenn Tessi bereit ist, diese zu lösen, dann wird ihr wahrscheinlich der Erfolg winken.

Die Affirmation

Aufgrund der Bilanz, die unser innerer Film zieht, bilden wir eine Affirmation, die unsere Einsichten vertieft.

Die Deutung eines Traums oder einer Phantasie wird mit der Formulierung einer Affirmation abgeschlossen.

Eine Affirmation ist ein positiv formulierter Merksatz, der das Ziel, das man erreichen möchte, so darstellt, als ob man es schon erreicht hat.

Eine solche Affirmation richtet unsere Perspektive auf die Erreichung unseres Ziels aus. Wir konditionieren uns mit einer derartigen Affirmation emotional und mental auf dauerhaften Erfolg.

Den Abschluß des Deutungsteils bildet die Formulierung einer Affirmation, die alle Einsichten knapp und positiv zusammenfaßt und zwar in der Weise, als ob der erwünschte Erfolg schon erreicht sei. Damit weist die Affirmation über den Traum hinaus in die Zukunft der Träumerin. Sie ist das Bindeglied zwischen innerem und äußerem Film, zwischen Realität und Traum.

Tessis Affirmation:

Ich werde mir ein Haus im Grünen kaufen, in dem ich inspiriert erfolgreiche Drehbücher schreibe.

Diese Affirmation schreibt sich Tessi an ihren Badezimmerspiegel. Sie schreibt sie auf Kärtchen, die sie stets bei sich trägt. Still im Inneren wiederholt sie diese Affirmation wörtlich, sooft sie sich an sie erinnert. Damit stellt sie sich auf eine erfolgreiche Zukunft ein. Sie beginnt zunehmend alle Situationen in bezug auf ihr Ziel zu betrachten. Und genau darauf kommt es an, wenn man sein Ziel erreichen möchte: Man muss sich mit allen Mitteln auf die Erreichung seines Ziels konzentrieren.

Die Affirmation ist einseitig dem Positiven verpflichtet. Es ware aber eine Illusion zu glauben, dass man Ziele ohne Widerstände erreicht. Deswegen mein Rat: Schreiben Sie sich zugleich alle Probleme in Ihr Tagebuch, die Sie bei der Verwirklichung Ihres Lebenstraums voraussehen. Überlegen Sie sich immer wieder, wie diese Probleme zu bewältigen sind. Der dänische Physiker Niels Bohr schrieb sich stets alle Widersprüche zu seinen Gedanken penibel auf. Mit dieser Methode blieben seine Einfälle differenziert und glitten nicht in Platitüden ab.

Die Veränderung des Traums

In allem wollt ihr verantwortlich sein!
Nur nicht für eure Träume.
Welch elende Schwächlichkeit, welcher Mangel
an folgerichtigem Mut. Nichts ist mehr euer
eigen als eure Träume. Traum und Rausch ent-
fesseln in uns künstlerische Gewalten.

Friedrich Nietzsche

Glauben Sie, damit sei die Arbeit mit dem Traum abgeschlossen? Die DreamCreativity®-Methode ist anderer Ansicht!

Jeder, der erfolgreich sein will, hat mit Widerständen zu kämpfen. Der Volksmund weiß: Der Erfolg fällt einem nicht in den Schoß. Sie müssen sich also richtig stark machen, um erfolgreich zu sein. Sind Sie zu schwach, bleibt einzig der Traum vom Erfolg, der sich aber nicht in der Realität manifestiert.

Stärke heißt, den Mut zur Gestaltung aufbringen. Schon im unbearbeiteten Traum zeigt sich ein unbewusster Gestaltungswille. Echte Stärke bedeutet bewusstes Gestalten – seiner Träume, seiner Phantasien, seines Lebens. Mit diesem Mut zur Gestaltung unseres Lebens überwinden wir schlechte Gewohnheiten und hinderliche Verhaltensweisen, die oft darin bestehen, in holder Naivität darauf zu warten, dass uns die gebratenen Tauben in den Mund fliegen (wir würden eh daran ersticken!).

Gurdjieff meinte, die Aufgabe des Menschen besteht darin, Energie umzuwandeln. Ein wichtiger Schritt dieser Energietransformation besteht in der Verwandlung der potentiellen Energie unserer Träume in die kinetische Energie unserer Handlungen. Das Zwischenglied bildet die Traumveränderung: Sie befreit sozusagen die Energie aus ihrem Schlummerzustand.

Ein gedeuteter Traum kann verändert werden. Wir sehen jetzt deutlicher, was wir wollen. Versetzen Sie sich in die Rolle eines Regisseurs und sehen Sie den Traum als ein Stück an, das sie umschreiben, um dessen Aussage deutlicher herauszuarbeiten. Ihr innerer Regisseur hat Ihnen das Rohmaterial geliefert, aus dem Sie nun Ihren Film entstehen lassen. Man könnte diese Arbeit als die Bildung einer optischen Affirmation betrachten: Sie produzieren sich

Ihren eigenen Lehrfilm, den Sie sich immer ansehen können. Solch ein Film spricht Ihr tiefstes Inneres an. Das ist notwendig, denn ohne die Zusammenarbeit mit Ihrem Inneren werden Sie wahrscheinlich nie erfolgreich werden. Unterschätzen Sie niemals die Kräfte Ihres Unbewussten! Neben positiven, hilfreichen Kräften, gibt es dort jedoch auch negative Tendenzen. Sie hintertreiben Ihre Bemühungen, lassen Sie bei der Verfolgung Ihres Ziels aufgeben, schicken Ängste und bringen Sie dazu, Wichtiges zu übersehen oder sich selbst zu boykottieren. Das alles wollen Sie nicht. Also müssen Sie diese Kräfte bestechen. Das geschieht nicht durch Nichtbeachtung wie beim positiven Denken, sondern durch Überredung – boshaft könnte man das auch »Manipulation« nennen.

Da Ihr Unbewusstes in traumhaften Bildern spricht, müssen Sie sich dieser Sprache bedienen, um sich ihm mitzuteilen. Sie sollten Ihrem Unbewussten eindeutig klarmachen, was Sie wollen. Erst damit werden Sie zum Herren in Ihrem eigenen Haus.

So wie man Shakespeares Stücke für das heutige Publikum bearbeitet, so bearbeiten Sie Ihren Traum von gestern für die heutige und morgige Benutzung. Wie gehen Sie dabei vor? Die Affirmation sagt Ihnen genau, worauf Sie hinauswollen – was »die Moral von der Geschicht` ist«. Alles, was nicht in diese Aussage paßt, wird konsequent gestrichen.

In Tessis Traum würde ich radikal die gesamte letzte Szene streichen. Das bietet sich schon deswegen an, da das Geheimnis dieser Szene nicht vollständig gelüftet wurde. Ganz im Sinne Hollywoods würde ich mir statt dessen ein Happy End ausdenken. Dieses Happy End könnte deutlich machen, dass das angestrebte Ziel erfolgreich erreicht wird.

In Tessis Traum mag zum Beispiel gezeigt werden, wie sie in ihrem Haus mit Blick auf dem Garten am Computer sitzt und bei schöner Musik, die Tasse auf dem Schreibtisch, Drehbücher schreibt. Da ruft ihre Agentin an, ihr mitzuteilen, dass ihr letztes Drehbuch ein großer Erfolg war und ob sie nicht zu einem ähnlichen Thema ein weiteres Drehbuch für einen Kinofilm schreiben könnte. Wäre das nicht ein passender Schluß?

Tessi könnte auch sehen, wie sie in ihrem Traumhaus morgens Telefonate führt und an einem Drehbuch arbeitet. Am Nachmittag dann – zum Abschluß ihres Arbeitstages – in ihr Tagebuch schreibt oder einfach auf ihrer Couch sitzt und über sich nachdenkt, vielleicht meditiert sie auch oder praktiziert Yoga – wer weiß?

Tessi könnte Ihren Traum auch noch ganz anders verarbeiten. Es gibt da viele Möglichkeiten. Da es ihr um den inneren Erfolg geht, wäre es vielleicht passender, die Schulsituation in ihrem Haus auszubauen. Sie könnte sich beispielsweise in einem schönen Raum ihres Landhauses mit ihrem Lehrer unterhalten. Im Gespräch versteht sie, dass Hemmungen beim Schreiben auf ihre psychischen Blockierungen zurückzuführen sind. »Drehbuchschreiben ist meine Therapie!« wird ihr plötzlich bewusst. Sie fühlt sich angenehm frei und warm bei dieser Erkenntnis.

Gute Regisseure lassen ihrer Phantasie bei solchen Bearbeitungen ihrer Träume freien Lauf. Tun Sie das auch! Sehen Sie die Bearbeitung Ihrer inneren Filme als Spiel an!

Haben Sie nun die Form gefunden, die Ihnen Spaß macht und Sie strahlend als den »Winner« darstellt, der erfolgreich sein Ziel erreicht hat, dann lassen Sie diesen Film langsam vor Ihrem inneren Auge ablaufen. Prägen Sie ihn sich gut ein. Diesen Film sollten Sie sich mindestens zwei bis drei Wochen lang jeden Abend ansehen. Vor dem Einschlafen stellen Sie sich jede Szene noch einmal genau vor. Wenn Sie dabei einschlafen, ist das kein Unglück – oder gestalten Sie Ihren Film spannender.

Anders als im Kino wird Ihr Film sich bei jeder Aufführung leicht verändern. Oft wird Ihr Ziel noch deutlicher herausgearbeitet. So antwortet Ihr Unbewusstes Ihnen, es produziert unbewusst mit. Wie gesagt, nach etwa drei Wochen können Sie diesen Film loslassen. Wahrscheinlich werden nun Ihre Träume und Phantasien am Tag Ihren Wunsch aufnehmen und ihn weiterbearbeiten und durchzusetzen suchen – ohne Ihr bewusstes Zutun.

Und nun geht die ganze Prozedur von vorne los: Sie wählen sich einen Ihrer Träume aus, deuten ihn, bilden eine Affirmation, bearbeiten ihn und kommunizieren somit ständig mit Ihrem Unbewussten.

Jeder Regisseur besitzt seine individuelle Arbeitsweise. Sie können auch anders vorgehen. Tessi als Drehbuch-Spezialistin schlug vor, sich die im Traum aufgezeigten Schwierigkeiten vorzunehmen und im neuen Drehbuch für jede eine Lösungsmöglichkeit zu finden. Sie stellte sich vor, wie sie den ganzen Tag in Ihrem Landhaus schreibt und abends von Ihren Freunden angerufen wird, die am Wochenende zu Besuch kommen wollen. Damit bearbeitet sie ihre Angst vor der Einsamkeit des Landlebens.

Wahrscheinlich fällt Ihnen diese Möglichkeit (der Schattenarbeit) schwerer. Ich benutze sie nur dann, wenn ich zuerst mit dem positiven Traum eine Zeit lang gearbeitet habe. Danach kann ich mich sicherer der Lösung der Widerstände und Probleme zuwenden.[20]

Wie Sie auch immer vorgehen, bleibt Ihrer Kreativität und Ihrem persönlichen Stil überlassen. Es kommt jedenfalls darauf an, die Wechselbeziehung zwischen innerem Film und Alltagsleben zu nutzen. Traum und Alltagswelt sind eng miteinander vernetzt: Ihre inneren Bilder wurden von Ihrer Lebensführung inspiriert, zugleich beeinflussen sie diese. Sie verändern Ihren Traum, auf dass sich Ihr Leben ändert. Dadurch verändern sich wiederum Ihre Träume. Wenn Sie sich einmal in diesen Prozeß hineinbegeben, werden Sie merken, dass Ihr Unbewusstes Ihnen hilft: Ihre Träume werden Ihnen mit der Zeit zunehmend verständlicher, ihre Kommentare werden von Ihnen klar erkannt. Ihr Leben wird damit erfolgreicher und oft auch leichter werden.

Wahrer Erfolg kommt von innen. Sie können sich noch so sehr um alle ausgetüftelten Techniken eines Machiavelli oder der modernen Management-Gurus bemühen; wenn Sie nicht im Einklang mit Ihrem Unbewussten handeln, werden Sie nicht weit kommen.

Die DreamCreativity®-Methode sieht einen Traum erst dann als »gedeutet« an, wenn sich im Alltagsleben der Träumerin oder des Träumers etwas geändert hat, wenn man dem selbstgesetzten Ziel zumindest etwas näher gekommen ist. Stellt sich der erwünschte Erfolg nicht ein – was jedoch sehr unwahrscheinlich ist – sollte man einen Therapeuten aufsuchen, der sich in der Traumdeutung auskennt. Oftmals helfen schon ein oder zwei Beratungen, um uns anzuregen, unsere Träume produktiv zu nutzen.

Die DreamCreativity®-Methode im Überblick

Tessi verstand ihren Traum. Sie konnte ihn erfolgreich umsetzen. Damit auch Sie Ihre inneren Filme erfolgreich nutzen können, werden wir uns nun der Methode zuwenden, die zur erfolgreichen Traumbearbeitung und Lebensbewältigung führt.

Wie alle modernen Methoden ist die DreamCreativity®-Methode eine eklektizistische Methode, das heißt, sie betrachtet das bestehende Wissen wie eine Werkzeugkiste, aus der sie sich das herausnimmt, was sie benötigt und was sich bewährt hat. Die Originalität besteht in der neuartigen Zusammensetzung des Bekannten und darin, dass Bewährtes mit eigenen Ansätzen und neuen Ideen verknüpft wird.

Diese Methode wurde über viele Jahre der Auseinandersetzung mit den Träumen anderer und meinen eigenen Träumen entwickelt. Während des Aufbaus der *Traumbüros* in Deutschland und Italien und des Beratungsdienstes *TraumOnline* hat mich immer irritiert, dass es seit Freud und Jung keine neuen Ansätze in der Traumdeutung gab. »Ein Skandal!« dachte ich. Unsere Welt veränderte sich in den letzten hundert Jahren rasant. Was heute in der Wissenschaft und besonders in der modernen Technologie als letzte Wahrheit gilt, ist morgen längst überholt. Nicht so in der Traumdeutung: Wir deuten bieder seit eh und je an den Obervätern Freud und Jung ausgerichtet, und auch die humanistische Psychologie wusste nichts Besseres zu tun, als alte Techniken mit neuen Worten zu belegen. Ich war von der Idee getrieben, dass eine in den letzten hundert Jahren sich drastisch verändernde Welt nach neuen Methoden schreit. Diese Methode zu entwickeln, war jedoch ein harte Geduldsprobe für mich, die mich in viele Sackgassen rennen, mich die konservative Einstellung der meisten Therapeuten klar werden und mich am Ende erkennen ließ, dass die Idee vom radikal Neuen und ganz Anderen in meiner Selbstüberschätzung gründete. Inzwischen bin ich erfahrener geworden – man könnte auch sagen: Der revolutionäre Geist der Jugend hat mich verlassen – und ich biete Ihnen eine Methode an, in der sich meine Ideen mit Ideen von Freud, Lacan, Jung, Buzan, Brook, Brecht, Gendlin, Watzlawik und nicht zuletzt Nietzsche mischen. Wie schon Isaak Newton einst betonte: Wir stehen mit unseren neuen Ideen auf den Schultern einer langen Reihe von Vorgängern. Es wäre inflationär anzunehmen, dass wir gottgleich Neues aus dem Nichts erschaffen würden.

Neu und zentral für die DreamCreativity®-Methode sind besonders die folgenden drei Punkte:

1. Jede Traumbetrachtung beginnt mit einer konkreten Frage.
2. Alle im Traum angesprochenen Probleme sind letztlich auf unsere Einstellung zum Erfolg zurückzuführen.
3. Der Traum wird als ein Produktionsmittel betrachtet, mit dem man sich seine Visionen schafft. Dabei kann der ursprüngliche Traum beliebig verändert werden.

Hauptsächlich auf Bewährtes greift die DreamCreativity®-Methode zurück bei der

1. Traumerinnerung,
2. Dokumentierung von Träumen,
3. Nutzung von Affirmationen.

Bei der Deutung eines Traums werden in origineller Weise die auf Freud zurückgehende Technik der Assoziation mit Techniken der modernen Kommunikationstheorie und mit dem von mir entwickelten DreamMapping verbunden, das unten genauer erklärt wird.

Grundsätzlich geht die DreamCreativity®-Methode deduktiv vor: Der allgemeine Überblick über den gesamten Traum, der erste, ganzheitliche Eindruck eröffnet die Traumbetrachtung. Die Analyse der Details folgt später, um sich nicht in Einzelheiten zu verlieren. Deswegen ist auch die uns leitende Frage zu Beginn der Traumbetrachtung so wichtig, da sie uns hilft, unser Ziel und den Gesamtzusammenhang des Traums nie aus den Augen zu verlieren. Die Frage regt uns an, stets nach dem Neuen, dem Unerwarteten im Traum zu suchen und sich nicht mit der Wiedererkennung abspeisen zu lassen. Erstaunlicherweise hat mir zu dieser Idee Brecht verholfen, der in seinem Lehrtheater Schilder mit der Aufschrift »Glotzt nicht so romantisch« aufhängte. Er wollte damit auffordern, wirklich Neues und somit auch Unbequemes zu erkennen, statt sich im Altbekannten zu suhlen und den Blick über den Zaun eigener Vorurteile zu vermeiden. Theaterleuten wie Brecht und Peter Brook habe ich auch die Einsicht zu verdanken, dass die Wahrheit immer konkret ist – oder sie ist nicht wahr. Ein Traum, der nicht auf das konkrete Alltagsleben des Träumers bezogen wird, bleibt unverstanden und ungenutzt. Er gleicht einer verschlafenen Chance.

Je systematischer die Traumbetrachtung durchgeführt wird, desto schneller finden wir den archimedischen Punkt, an dem wir unser Leben zu mehr Erfolg hin verändern können. Wir werden uns bei der Betrachtung unserer inneren Filme nicht mehr in Sackgassen verlaufen. Sehen Sie die hier aufgeführten einzelnen Schritte als Fahrplan einer erfolgreichen Traumdeutung an. Die Reihenfolge dieser Schritte sollte möglichst nicht abgeändert werden.

Die Frage

Am Anfang eines jeden Traums steht eine Frage. Machen Sie sich die Frage bewusst. Eine unbewusste Frage gleicht einem geschlossenen Buch – sie nutzt Ihnen wenig. Jedes Problem, das Sie bedrückt, erzeugt innere Bilder. Versuchen Sie dieses Problem so genau wie möglich als Frage zu formulieren. Wenn Sie dann Ihre inneren Bilder betrachten, können Sie mit dieser Frage an sie herantreten und nach der geeigneten Antwort suchen. Wer weiß, wonach er sucht, wird schneller fündig!

Bei der Frage nach der erfolgreicheren Lebensführung sollten Sie sich darüber klar werden, wie viel innerer und wie viel äußerer Erfolg Ihnen gut tut. Was ist Ihr persönliches Maß des Erfolgs? Als Faustregel gilt, dass jegliche Einseitigkeit Gift für Sie ist. Die extremen Positionen, nur inneren oder nur äußeren Erfolg anzustreben, führen ins Chaos. Warnung: Unterschätzen Sie niemals aus moralischen oder romantischen Gründen die Macht des äußeren Erfolgs. Auch Sie brauchen ihn, und Sie werden sicher schon bemerkt haben, dass der äußere Erfolg eines der wirksamsten Aphrodisiaka in unserer Gesellschaft ist.

Normalerweise ist einem die Frage klar. Sie haben sie in Gesprächen mit Freunden und dem Partner öfter formuliert und sich auch selbst häufiger gestellt. Die Frage, die sich Ihnen immer wieder stellt, die Ihnen auf den Nägeln brennt, ist die produktivste Frage. Diese Frage hängt meiner Erfahrung nach stets direkt oder indirekt mit unserem Erfolg zusammen.

Die Frage zu Beginn der Traumbetrachtung ist deswegen so wichtig, da Träumer oft an der Deutung ihrer Träume verzweifeln, weil sie keinen Zugang zu ihrem Traum finden. Die klare Frage liefert ihn uns. Obwohl es naheliegend ist, eine solche Deutung zu beginnen, erstaunt es, dass bislang keine Methode der Traumdeutung diesen Zugang betonte.

Die Traumerinnerung

Sie werden träumen. Dokumentieren Sie Ihren Traum. Schreiben Sie ihn nieder oder nehmen sie ihn auf einem Tonträger auf. Im Nacherzählen des Traums erfindet man ihn. Diese Nacherzählung stellt Ihre erste, wenn auch noch unbewusste Interpretation dar. Das braucht Sie nicht zu stören, denn wir wollen uns bei der Betrachtung unserer inneren Bilder inspirieren lassen. Dennoch: Bleiben Sie so nah wie möglich am Traumtext und versuchen Sie, keine bewussten Deutungen mit dem Traumtext zu vermischen.

Das Aufschreiben oder Aufnehmen Ihres inneren Films ist notwendig, da Ihnen bei der Dokumentation häufig noch Details und einige Traumszenen einfallen, die Sie sonst vergessen hätten. Es ist auch möglich, dass im Laufe des Tages noch einige Erinnerungen an den Traum oder an andere Träume aufsteigen. Dokumentieren Sie diese ebenfalls, denn je mehr Material Sie vorliegen haben, desto einfacher ist dessen Deutung.

Die Deutung

Sie haben Ihren inneren Film dokumentiert. Jetzt sind Sie natürlich neugierig darauf, was er Ihnen zu sagen hat. Wir beginnen mit seiner Deutung. Erinnern Sie sich bei der Deutung stets Ihrer Frage, die Ihnen wie ein Wegweiser angibt, wolang der Weg Ihrer Deutung verläuft.

Jedes Traumverständnis beginnt damit, dass Sie sich zunächst einmal verdeutlichen, was Ihr erstes Gefühl und Ihre ersten Gedanken waren, als Sie sich dieser Bilder bewusst wurden. Das ist die reaktive Annäherung an Ihre inneren Bilder. Sie identifizieren sich mit dem Traum und schwingen sich dabei auf eine emotionale Betrachtung der Bilder und Szenen ein.

Wie war denn Ihr erstes Gefühl? Beklommen, bedrückend, erheiternd oder fröhlich?

Zur genauen Deutung betrachten wir nun die einzelnen Traumsymbole, wobei wir kühn mit der Assoziation Freuds und Methoden der modernen Kommunikationstheorie und Semantik spielen.

Traumsymbole

Nachdem Sie sich Ihr Anfangsgefühl vergegenwärtigt haben und einen groben Überblick über den Traum bekamen, stellen Sie eine Liste aller Traumsymbole auf. Wenn es Ihnen auch fürchterlich pingelig erscheinen mag, versuchen Sie, sich jedes Symbol zu notieren. Ich achte bei dieser Liste stets auf Vollständigkeit, denn jedes Symbol kann Träger einer wichtigen Information für Sie sein. Fragen Sie sich bei jedem Symbol, was es Ihnen signalisieren möchte.

Um in die inhaltliche Struktur Ihres inneren Films tiefer einzudringen, assoziieren Sie zu jedem dieser Symbole. Obwohl Freud wie ein manischer Detektiv jedes Symbol zu erhellen suchte, gab er doch auch zu, dass jeder Traum mindestens eine Stelle aufweist, »an welcher er unergründlich ist, gleichsam einen Nabel, durch den er mit dem Unbekannten zusammenhängt.«[21] Fällt Ihnen zu einem Symbol nichts ein, gehen Sie zum nächsten über. Es lohnt meistens nicht, lange an einem Traumbild hängen zu bleiben, das keinerlei Assoziationen in Ihnen wachruft.

Wir suchen inspirierende Ideen für die Deutung. Die Assoziation führt uns dahin, Emotionen und Gedanken zu äußern, die wir nie jemanden mitteilen wollten – nicht einmal uns selbst. Wir wundern uns über uns selbst und nähern uns dabei unserer eigenen Wahrheit an. Wir überraschen uns mit unserer Wahrheit.

Die Assoziation ist ein vielschillerndes Wesen: Mal flirtet sie mit der eher weiblichen Intuition, um sich gleich wieder der knallhart männlichen Logik zuzuwenden. Genau das ist zentral für das innere Wesen der DreamCreativity®-Methode: Sie pendelt ständig zwischen der männlich-rationalen und der weiblich-intuitiven Welt hin und her. Das ist gewollt, denn nur das schafft Sinn.

Die Assoziationen führen Sie unweigerlich zur unbewussten Logik Ihres inneren Films. Auch noch so chaotische innere Filme besitzen eine innere Logik. Sehr häufig ist die Symmetrie der Schlüssel für die Bedeutung der Symbole (und damit des gesamten Traums).

Was heißt das?

Wir leben in einer Welt mit zwei unterschiedlichen logischen Verknüpfungen. Die häufigere asymmetrische logische Verknüpfung besagt: Ich schreibe diesen Text. Diese Verknüpfung umzudrehen in »Dieser Text schreibt mich« bezeichnen wir als falsch. Asymmetrische Verknüpfungen sind nicht umkehrbar.

Neben diesen asymmetrischen Verknüpfungen gibt es noch symmetrische Verknüpfungen, die umkehrbar sind. »Tessi ist die Freundin von Uta« lässt sich (normalerweise) auch als »Uta ist die Freundin von Tessi« lesen.

Postmoderne Kommunikationstheoretiker haben beobachtet, dass unsere inneren Bilder die symmetrische Verknüpfung vorziehen. Man könnte das auch »analoges Denken« nennen. Kurzum: Wenn ich den Text hier schreibe, könnte in der Traumwelt ohne weiteres der Text auch mich schreiben. Traumsymbole scheinen nach der Devise »alles ist gleich« zu funktionieren. Nehmen wir aus Tessis Traum das Symbol »VW-Bus«: Der Bus ist schon in Buchara gewesen, auf der Traumebene ist der Bus Buchara. Buchara ist der heilige Ort der Sufis, er ist Sufismus und er ist Peter Brook, der sich wiederum mit dem Sufismus beschäftigte. Es ist verblüffend, aber unter der Tendenz der Vereinheitlichung oder der symmetrischen Bezüge können wir folgende Gleichung aufstellen:

VW-Bus = Buchara = Sufis (= Gurdjieff) = Peter Brook
daraus folgt
Peter Brook = VW-Bus

Wenn Sie solche verrückten Ketten aufstellen, teilen sich die Symbole Ihnen mit, denn der innere Regisseur will Gleichartigkeit und Identität[22].

Das alles prägt die männliche Sicht auf den Traum. Sie sucht den Sinn in der Ordnung der Symbole. Wir assoziieren zu jedem Symbol und fragen uns, ob wir nicht jedes Symbol mit einer Eigenschaft (einem Adjektiv) verbinden können. Fällt Ihnen eine gemeinsame Eigenschaft aller oder einiger Symbole auf?

Fasziniert Sie die Symbolik Ihres Traums?

Wahrscheinlich stehen Sie gerade einem Archetyp gegenüber. In Umbruchsituationen ist das wahrscheinlich, denn wegen der Verwirrung können Impulse aus dem kollektiven Unbewussten aufsteigen, die den Betrachter stets in den Bann schlagen. Was Sie fasziniert, möchte Ihre Aufmerksamkeit anziehen. Fangen Sie also dort mit der Deutung an.

Weichen das Symbol oder gar mehrere Symbole von unserem Erwartungshorizont ab?

Beginnen Sie, zu diesen Symbolen zu assoziieren, werden Ihnen zu den anderen Symbolen die Einfälle leicht und mühelos zufliegen.

Solche Fragen helfen, das logische Gefüge eines Traums schnell zu erkennen.

Die Assoziation zu den einzelnen Symbolen können Sie auch als Kommunikation mit den Traumsymbolen auffassen und dementsprechend gestalten. Es ist gar nicht so verrückt, ein Symbol zu fragen, was es bedeutet. Versuchen Sie es einmal! Stellen Sie sich mit geschlossenen Augen ein bestimmtes Symbol vor und sprechen Sie dieses Symbol wie eine Person an. Die einfachste Frage wäre: »Warum erscheinst du mir in diesem Traum?« oder Sie könnten auch fragen: »Was willst du mir sagen?« Zu Ihrem Erstaunen, werden Sie sofort eine Antwort bekommen, die Ihnen sicherlich weiterhelfen wird. Zur Not können Sie auch einmal einen gesamten Traum wie eine Person ansehen, die Sie fragen, was sie Ihnen denn mitteilen möchte. Das mag Ihnen eine Richtung der Deutung geben, wenn Ihnen der betreffende Traum trotz Ihrer Assoziationsversuche völlig dunkel bleibt.

DreamMapping

Sind Sie ein optisch veranlagter Typ, dann probieren Sie einmal aus, Ihre inneren Filme grafisch zu deuten. Die DreamCreativity®-Methode verwendet dazu eine »DreamMap«.

Kennen Sie die Technik des MindMapping – eine der Standard-Techniken, um kreative Ideen spielerisch zu entwickeln? Der gebürtige Engländer Tony Buzan entwickelte zu Beginn der siebziger Jahre des vergangenen Jahrhunderts diese Methode, um mit Hilfe von Grafiken Probleme zu lösen und unser geistiges Potential zu steigern. Ich benutze zum Beispiel diese Methode, um die Ideen und die Struktur meiner Bücher zu entwickeln. Erst sehr spät wurde mir klar, dass auf diese Weise auch Träume aufgeschrieben und gedeutet werden können. Ich begann in meinen Gruppen, das MindMapping anzuwenden und bemerkte bald, dass es für viele Teilnehmer einer rein verbalen Deutungsmethode überlegen war. So entwickelte sich über die letzten zehn Jahre das DreamMapping, welches in grafischer Form den Sinn eines Traums hervortreten lässt.

Das DreamMapping ähnelt dem MindMapping, nur dass weniger intellektuelle Ideen als die Erkenntnis emotionaler Zusammenhänge von ihm gefördert werden – und das in spielerischer Weise.

Wie gehen Sie vor?

Sie schreiben in die Mitte eines freien Blattes Papier das Grundgefühl Ihres inneren Films auf. Sie können dort auch Ihre Frage aufschreiben oder beides. Kreisförmig um dieses Zentrum schreiben oder zeichnen Sie die einzelnen Traumsymbole oder Traumszenen. Und nun lassen Sie Ihrer Phantasie freien Lauf: Alles was Ihnen zu den einzelnen Symbolen oder Szenen einfällt, schreiben Sie in dessen Nähe – Sie können auch hier wieder mit Symbolen, Comics oder kleinen Zeichnungen arbeiten, wenn Ihnen das Spaß macht. Fällt Ihnen nichts mehr ein, betrachten Sie diese DreamMap, und normalerweise werden Sie jetzt eine Deutungsidee bekommen. Mir hat es auch bisweilen geholfen, wenn ich meine Frage wie eine Überschrift oben über das Bild schrieb und mir unten die Antworten notierte, die mir bei der Betrachtung dieser DreamMap eingefallen sind. Ihre DreamMap wird Ihnen zeigen, was Ihr innerer Regisseur als Weg zum Erfolg empfiehlt.

Die Symbole haben sich Ihnen mitgeteilt. An dieser Stelle der Deutung könnten Sie eventuell in einem Symbollexikon schauen, ob es Sie noch zu neuen Ideen anregt. Danach sollte Ihnen die Mitteilung Ihres inneren Films verständlich sein. Es ist absurd, wie viel Aufwand nötig ist, um sein eigenes Produkt zu verstehen. Allerdings kommt dieses Verständnis mit etwas Übung mit dieser Methode erstaunlich schnell zustande.

Traumsituationen

Können Sie ihre Anfangsfrage jetzt besser beantworten? Glücklicherweise sind unsere inneren Filme selten deutungsresistent. Sollten Sie sich dennoch einen schwer verständlichen Film inszeniert haben, betrachten Sie jetzt die Verbindung der einzelnen Traumsymbole, also die Traumsituationen. »Woran erinnern mich diese Situationen?« sollten Sie sich fragen. Bei der Antwort auf diese Frage gehen Sie wieder assoziativ vor – und ich kann Ihnen garantieren, da fällt Ihnen sicher etwas ein, das Ihnen nützlich ist. Besonders bei Träumen, deren Handlung uns sogleich interessiert, führt diese Frage schnell zum Kern des Traumverständnisses.

Der männliche Geist wendet sich in dieser Situation dem Aufbau des Traums zu. Er sucht nach Gegensätzen und Übereinstimmungen, nach Orts- und Zeitsprüngen. Er betrachtet die Stadien der Handlung, so wie man in der Schule einen Roman interpretiert.

Wie es archetypische Symbole gibt, so gibt es auch archetypische Situationen, die jede und jeder in unserer Kultur schon mindestens einmal geträumt hat. Sie können in Ihrem inneren Film fliegen, Sie werden verfolgt, Sie müssen in eine Prüfung oder stehen nackt in einer Menschenmenge; das alles sind archetypische Traumsituationen. Wie archetypische Symbole verweisen auch diese Traumsituationen auf tiefgreifende Änderungen im Leben der Träumerin oder des Träumers – entweder sind diese Veränderungen nötig oder man befindet sich gerade in ihrer Dynamik.

Die Bilanz

Verlieren Sie Ihr Ziel niemals aus den Augen. Es geht Ihnen darum, erfolgreicher zu werden. Sie haben die Symbole und Traumsituationen befragt. Sie haben Antworten bekommen. Diese Antworten können jetzt in bezug auf das Für und Wider ausgewertet werden. Was bringt Sie Ihrem Ziel näher? Was verhindert die Erreichung Ihres Ziels?

Nur was man konkret auf den Punkt bringt, setzt man im Alltagsleben um. Zur Erstellung der Bilanz fragen Sie weiter:

Was bedeutet der Traum für meine konkrete Lebensbewältigung?

In welchem Verhältnis steht der Traum zu meinem Lebenstraum – zu meinem Ziel, erfolgreicher zu werden?

Worüber möchte das Unbewusste mit mir ins Gespräch kommen?

Schreiben Sie sich die Antworten auf, und bilden Sie sich eine Meinung. Am Schluss dieser Bilanz kommen Sie zu einer abgewogenen

Aussage nach dem Modell: »Ich werde erfolgreicher, indem ich dieses und jenes tue und dieses und jenes unterlasse und dieses und jenes bedenke.«

Die Bilanz hilft nicht nur, die Traumaussage klarer zu verstehen, sie lässt uns auch unsere Antworten differenzierter betrachten.

Normalerweise sagt uns ein Traum nicht klar, dieses und jenes ist zu tun und dieses und jenes ist zu unterlassen. Wir hätten das zwar gern, aber damit würden wir unsere Verantwortung abgeben und wie ein Kind der Entscheidung der Autoritäten – in diesem Falls des Traums – folgen. Der Traum zeigt uns meistens die Faktoren, die für die Beantwortung unserer Frage beachtet werden müssen. Diese Faktoren muss jedoch kein anderer als der Träumer selbst abwägen. Gerade in der Arbeit mit Klienten, die große Entscheidungsschwierigkeiten aufweisen, kam ich auf die Idee der Erstellung einer Bilanz. Alle Antworten und Hinweise des Traums in bezug auf die Beantwortung meiner Frage können bilanziert werden – so wie Sie das bei Tessis Traum gesehen haben. Dort unterschieden wir, was für und was gegen ihre Entscheidung spricht, Schauspielerin zu bleiben oder Drehbuchautorin zu werden. Das ist die einfachste Form der Bilanz, die häufig genügt, um eine Entscheidung zu fällen. Die DreamCreativity®-Methode kennt allerdings noch eine andere Form dieser Bilanzierung, die von mir im letzten Jahr entwickelt wurde, um die Entscheidungsfindung noch tiefgreifender zu unterstützen.

Schauen wir uns dazu noch einmal Tessis Antworten auf die Frage »Soll ich Schauspielerin bleiben?« an:

Unter den Pros (was dafür spricht) finden wir folgende Eintragungen:
• täglich bewundert werden,
• im Mittelpunkt stehen,
• viel Kommunikation haben.

Unter den Kons (was dagegen spricht) finden wir
• einseitig extravertiertes Leben,
• permanente Erreichbarkeit,
• kein richtiges Heim haben.

Wenn sich Tessi an dieser Stelle nicht entscheiden kann, ist sie keineswegs dazu verdammt, weiterhin in Verwirrung zu leben. Sie kann wie eine Buchhalterin die einzelnen Eintragungen zahlenmäßig bewerten. Sie ordnet ihnen Zahlen zu, und zwar je höher die Zahl ist, desto wichtiger ist ihr der Punkt. Wenn Sie so vorgehen wollen, benutzen Sie dazu die Zahlen zwischen 1 und 10.

Die Bilanzierung könnte dann so aussehen:

Pros
- täglich bewundert werden   4
- im Mittelpunkt stehen   5
- viel Kommunikation haben   8
Gesamtsumme: 17

Kons
- einseitig extravertiertes Leben   6
- permanente Erreichbarkeit   7
- kein richtiges Heim haben   9
Gesamtsumme: 22

Sie sehen es deutlich: Die Kons weisen ein größeres Gewicht auf, danach müsste sich Tessi gegen den Beruf der Schauspielerin entscheiden.

Es ist eine der großen Neuerungen der DreamCreativity®-Methode, diese Arten der Bilanzierung in die Traumdeutung einzuführen und somit die Entscheidungsfindung zu erleichtern und durchschaubarer zu machen. Wenn sowohl Geld als auch Emotionen Energien ausdrücken, sind beide auch quantifizierbar – das eine auf der objektiven, das andere auf der subjektiven Ebene. Schon Pythagoras sagte: »Erkenne Dich selbst in der Zahl«.

Die Affirmation

Die abgewogene und differenzierte Aussage der Bilanz formen Sie nun in eine kurze Affirmation um, die Sie immer wieder daran erinnert, wie Sie erfolgreicher durchs Leben gehen können. Diese Affirmation stellt die Essenz Ihrer Bilanz dar. Sie ist allerdings nicht so differenziert wie die Bilanz, schon weil sie alle negativen Aspekte ausklammert. Mit der Affirmation konditionieren Sie sich, Ihr Ziel schnell zu erreichen.

Die Traumbearbeitung

Im letzten Schritt schreiben wir unseren inneren Film um. Wir fragen uns: Wie wäre der Traum sinnvoll zu ändern?

Wir nehmen unseren Traum als einen Ideen-Pool, aus dem wir uns herausnehmen, was wir an unterstützenden Bildern benötigen, und produzieren daraus einen neuen Film, der uns als erfolgreichen Menschen strahlend in Szene setzt. Unseren »Erfolgsfilm« visualisieren

109

wir abends vorm Einschlafen und lassen ihn auf unsere neuen Träume wirken.

Die Bearbeitung unserer inneren Filme stellt den aktivsten und kreativsten Teil unserer Traumarbeit dar. Hier nehmen wir unserem inneren Regisseur das Heft aus der Hand, um selbst die Regie zu übernehmen. Der Traum wird uns zum Produktionsmittel, mit dem wir eigenständig und bewusst die Kommunikation mit unseren inneren Welten gestalten. Unsere Traumfabrik schafft Happy Ends à la Hollywood.

Wie können Sie sinnvoll Ihre inneren Filme ändern?

Hier nur einige »Kostproben«: Entscheiden Sie sich anders als im Traum. Statt das Opfer zu spielen, üben Sie die Rolle des Täters ein. Rasen Sie allerdings wie ein gescheuchtes Huhn durch die Szenen, dann macht es Ihnen vielleicht Spaß, eine passive Rolle zu spielen. Fast immer wird bei der Traumbearbeitung das eigene Verhalten im Traum geändert. Aber Sie können auch die gesamte Atmosphäre Ihres Films ändern. Es ist oft heilsam, einen Action-Film in einen langsamen, eher meditativen Film umzuschreiben.

Zum Schluss möchte ich noch eine originelle Technik zur Traumbearbeitung erwähnen: Sie haben Ihren Traum aufgeschrieben. Bitten Sie eine andere Person, Ihnen diesen Traum noch einmal langsam vorzulesen. Im Anschluss daran, besprechen Sie mit dieser Person alle möglichen Einfälle, aus diesem Traum eine andere, positivere Geschichte zu entwickeln. Entwickeln Sie nun beide gemeinsam diese Geschichte.

Ich werde oft gefragt, wie viel man an dem Ursprungstraum ändern und wie viel man beibehalten soll. Dafür gibt es keine allgemeine Regel. Grundsätzlich halte ich es für gut, möglichst viele der ursprünglichen Bilder und Symbole beizubehalten, die allerdings in einem völlig neuen Zusammenhang präsentiert werden können.

Die DreamCreativity®-Methode

1. Die Frage
Träume sind Antworten auf Fragen. Schon bevor Sie träumen, haben Sie bewusst oder unbewusst eine Frage, die diesen Traum hervorbringt. Die Frage ergibt sich aus dem Problem, das Sie zur Zeit des Traums am meisten bedrückt. Fast alle existentiellen Fragen drehen sich um Ihren inneren und/oder äußeren Erfolg.

Beginnen Sie die Betrachtung Ihres Traums mit dieser Frage. Damit richten Sie Ihre Aufmerksamkeit von Anfang an auf die Essenz des Traums aus und verlieren sich nicht in Nebensächlichkeiten. So behalten Sie stets den Überblick und bleiben zielgerichtet und lösungsorientiert.

2. Die Traumerinnerung

Sie erinnern Ihre Träume leicht, wenn Sie morgens nach dem Aufwachen noch eine Minute möglichst regungslos im Bett liegen bleiben, um Gedanken und Gefühle hochsteigen zu lassen. Dokumentieren Sie jeden Traum, auch wenn Sie das Gefühl haben, Sie würden diesen Traum behalten. Dieses Gefühl trügt meist.

Vermischen Sie niemals den Traumtext mit seiner Deutung.

Träume können dokumentiert werden durch

• Aufschreiben in Stichworten,
• Sprechen auf einen Tonträger,
• Skizzen oder Zeichnungen.

3. Die Deutung

Richten Sie sich bei der Deutung Ihres Traums stets an Ihrer Ausgangsfrage aus (siehe Punkt 1).

Beginnen Sie die Traumdeutung, indem Sie sich über Ihre Gefühle beim und nach dem Träumen bewusst werden.

a. Traumsymbole

Sammeln Sie alle Einfälle, die Ihnen zu den einzelnen Traumsymbolen einfallen. Bewerten Sie Ihre Einfälle möglichst nicht, egal welche Gefühle dabei auch aufsteigen. Unterdrücken Sie keine Einfälle. Betrachten Sie alle Symbole.

Deutungsanregungen liefern Lexika der Traumsymbole. Beachten Sie zuerst Ihre persönlichen Einfälle und Deutungen. Betrachten Sie danach überpersönliche Bedeutungen, die sich in archetypischen Symbolen mitteilen und die Sie aus Märchen und Sagen kennen.

b. Kommunikation mit den einzelnen Symbolen

Sollte Ihnen zu einem oder mehreren Symbolen nichts einfallen, können Sie Ihre Augen schließen und das Symbol wie eine Person ansprechen. Befragen Sie es nach seiner Bedeutung. Sie werden eine Antwort erhalten.

c. DreamMapping

Eine DreamMap ist eine grafische Assoziation, die rechts- und linkshirniges Denken miteinander verbindet.

Optisch veranlagte Träumer und Träumerinnen benutzen eine DreamMap, um sich die Bedeutung ihrer Träume zu erschließen. Beim DreamMapping assoziiert man mit Symbolen, Begriffen, Verbindungslinien und evtl. kleinen Zeichnungen wie beim MindMapping.

Die Klarheit beziehungsweise Schönheit der Grafik zeigt Ihnen an, ob Sie den Traum verstanden haben. Verstehen zeigt sich in der Fähigkeit, in sich stimmige, harmonische Muster zu bilden.

d. Traumsituationen

Für die genauere Betrachtung besonders handlungsreicher Träume deuten Sie die Traumsituationen. Wie bei der Betrachtung der Traumsymbole (siehe Punkt 3a) gehen Sie auch hierbei von Ihren unzensierten Einfällen aus. Betrachten Sie

• die Architektur des Traums,
• seine Gegensätze und Widersprüche,
• seine Abweichungen von Ihrem Erwartungshorizont,
• Parallelitäten,
• Ortswechsel,
• Zeitsprünge.

4. Die Bilanz oder das Abwägen

Nach der Deutung folgt die Bilanz. Sie hilft Ihnen, nicht im lähmenden Zustand der Ambivalenz zu verharren. Das Abwägen des Für und Wider ergibt sich aus Ihrer Anfangsfrage (siehe Punkt 1). Schreiben Sie die positiven und negativen Antworten auf, gewichten Sie diese, und kommen Sie dann zu einem Ergebnis.

5. Die Affirmation

Das Ergebnis der Bilanz formulieren Sie in einem möglichst kurzen, einprägsamen und positiv formulierten Satz um. Schreiben Sie ihn auf.

Arbeiten Sie mit Kärtchen, auf denen Sie die gefundene Affirmation aufschreiben. Stellen Sie diese Karten dort auf, wo Sie sie häufig sehen. Ferner sagen Sie sich diese Affirmation wortwörtlich im Stillen mehrmals am Tag vor.

6. Die Traumbearbeitung
Jetzt können Sie sich klar machen, was Sie erreichen wollen. Verändern Sie Ihren Traum so, dass sie in ihm Ihr angestrebtes Ziel erreichen, d.h. dass Sie in ihm Ihren gewünschten Erfolg haben.

7. Die Tat
Im letzten Schritt geht es um die konkrete Umsetzung Ihrer Erkenntnisse im Alltagsleben. Stellen Sie einen Plan auf, der Ihnen zeigt, was Sie wann unternehmen müssen, um Ihr Ziel zu erreichen.
Belohnen Sie sich für jeden erfolgreichen Schritt in Richtung auf Ihr Ziel.

Bewusstes Träumen

Ich lebe bewusst in meinen Träumen.
Die anderen Leute leben auch in Träu-
men, aber nicht in ihren eigenen, und
nicht bewusst, das ist der Unterschied.
Hermann Hesse

Wahrscheinlich möchten Sie sich auch bewusst Ihre Erfolge erträumen. Halte ich Vorträge darüber, wie man durch Traumarbeit erfolgreicher werden kann, wird stets sogleich nach dem bewussten Träumen gefragt.

Beim bewussten oder luziden Träumen – auch Klartraumtechnik genannt – sind sich der Träumer oder die Träumerin während des Traums bewusst, dass sie träumen. Das hat zwei große Vorteile:

1. Bewusste Träume werden nicht vergessen,
2. In bewussten Träumen kann der Träumer bereits während des Traums eingreifen.

Wer bewusst träumen kann, für den ist der Erfolg in seinen inneren Filmen leicht planbar. Der innere Regisseur seiner Filme agiert nicht mehr – wie gewohnt – weitgehend unabhängig vom Bewusstsein des Träumers, sondern auf dessen Anweisungen hin. Wenn wir bemerken, dass ein innerer Film sich dahin entwickelt, dass wir als »Looser« dastehen, dann geben wir kurzerhand unserem inneren Regisseur die Anweisung, uns doch bitte als »Winner« in Szene zu setzen. Die Traumbearbeitung, die wir normalerweise nach dem Träumen vornehmen, können wir jetzt sogleich während des Träumens selbst durchführen. Ja, wir können sogar soweit gehen, uns einen Traum zum Thema »mein Erfolg« zu bestellen und dann verschiedene Verhaltensweisen auszuprobieren, um die erfolgversprechendste Strategie für uns zu bestimmen.

Bewusstes Träumen

Beim bewussten Träumen ist dem Träumer während des Traums bewusst, dass er träumt. Solche Träume
werden auch ohne Dokumentierung nicht vergessen und
können während des Traums bewusst beeinflusst werden,
sind aufregender und lebhafter.
In ihnen treten im Schnitt weniger Traumpersonen als im »normalen Traum« auf.
Bewusstes Träumen tritt bisweilen spontan auf, es kann aber auch erlernt werden.

Das klingt ideal – ist es auch. Aber leider hat diese Technik einen Haken: Sie ist nur schwer zu erlernen. Sie können relativ schnell lernen, Ihre Träume regelmäßig zu erinnern und auch zu verstehen, aber das bewußte Träumen lernt man nicht so nebenbei. Es gehören viel Disziplin und eine bestimmte Lebensweise dazu, auf Kommando bewußt träumen zu können. Jeder träumt zwar irgendwann einmal in seinem Leben luzid, aber bewußt solche Träume hervorzurufen, ist das Ergebnis disziplinierter Arbeit. Jung erkannte es klar: »Das Bewusstsein lässt sich dressieren wie ein Papagei, das Unbewusste nicht.« Wie können Sie Ihr Unbewusstes »dressieren«, Ihnen bewusste Träume zu liefern?

Beim Mittagsschlaf oder dem »kurzen Nickerchen zwischendurch« tritt die Luzidität im Traum am ehesten auf. Tagträume und Phantasien sind auch meistens luzid. Werden Sie sich zunächst einmal bewusst, wo Sie bereits luzid Ihre inneren Filme wahrnehmen. Wer sich seiner Tagträume bewusst ist, dem fällt es leichter, auch nachts luzid zu träumen. Besonders gute Chancen besitzen Sie, wenn Sie ein gutes Orientierungsvermögen haben, ein androgynes Temperament zeigen (Ihre weiblichen und männlichen Anteile ausgeglichen sind), risikofreudig sind und weiblich. Das fand die Wissenschaft heraus. Warum das so ist, bleibt ihr allerdings bis jetzt verborgen – obwohl Luzidität im Traum wegen des großen Feldes der Selbstprogrammierung besonders in den Schlaflaboratorien der USA intensiv erforscht wird.

Die Meister des bewussten Träumens sind die tibetischen Lamas. Naropa, einer der Begründer des tibetischen Buddhismus im elften Jahrhundert, machte ausgiebigen Gebrauch von dieser Traumarbeit, bei welcher der Übende auch im Schlaf seine Bewusstseinskontrolle aufrechterhält. Er sah bewusstes Träumen als eine Erweiterung der Meditation im Schlaf an. Im alten Tibet schien das ganz sinnvoll zu sein, aber in der postmodernen westlichen Kultur, die alles zwanghaft kontrollieren möchte, wird der Sinn der Luzidität fraglich. Seitdem versucht wird, die gesamte Außenwelt zu kontrollieren, wendet sich unsere Kultur konsequent den Innenwelten zu. Luzidität ist die Kontrolle der ansonsten relativ autonomen Innenwelten.

Wenn Sie immer noch lernen wollen, bewusst zu träumen, fragen Sie sich zu allererst einmal: Warum?

Klar, Sie wollen erfolgreicher werden. Aber gibt es da nicht einfachere Wege? Die DreamCreativity®-Methode führt Sie sicher zum Erfolg und das ohne Nebenwirkungen. Die Nebenwirkungen beim bewussten Träumen bestehen nämlich darin,

- dass Sie alles für technisch machbar halten – und das ist eine verbreitete, aber lebensfremde Illusion,
- dass Sie Ihren Erfolg bewusst planen, dabei aber die kreativen Impulse Ihres Unbewussten weitgehend ausschalten – Sie werden eindimensional und damit sicher nicht glücklicher (Ihr innerer Erfolg wird oftmals sinken)

Sind Sie derart vom Erfolg besessen, dass Sie mit all Ihrer Kraft das bewusste Träumen erlernen wollen, dann probieren Sie es aus.

Es gibt zwei Vorstufen zum luziden Träumen:

1. Erlernen Sie zunächst, sich jede Nacht mindestens an einen Traum zu erinnern und diesen Traum aufzuschreiben. Eine stabile Traumerinnerung ist die Voraussetzung zum Erlernen des bewussten Träumens.[23]

2. Wie weiter oben beschrieben, bearbeiten Sie Ihren Traum, und stellen Sie sich – möglichst in allen Einzelheiten - den bearbeiteten Traum vor. Solche regelmäßigen Visualisierungen (mindestens zweimal täglich!) fördern das Erlernen der Luzidität. Sie erleben dabei, dass Ihre inneren Filme formbar sind. Sie verändern sie gemäß der eigenen Wünsche.

Sie haben jetzt über zwei bis drei Monate täglich Ihre Träume erinnert, bearbeitet und visualisiert. Sie haben sich mit der Frage, wie Sie erfolgreicher werden können, ausgiebig beschäftigt; danach sind Sie bereit, das luzide Träumen auszuprobieren. In Tibet beauftragte man einen Freund oder eine Freundin, der oder die neben dem Bett des Schläfers oder der Schläferin saß und ihm oder ihr beim REM-Schlaf (wenn die Augen sich bewegten) »Du träumst jetzt« ins Ohr flüsterte. Sie können das wahrscheinlich keinem zumuten. »Selbst ist der Mann« lautet die Devise unserer Kultur. Dementsprechend müssen Sie sich selbst bewusst machen, dass Sie träumen. Das geschieht am besten mit einer Affirmation. Sie können sich beispielsweise dreimal täglich den Satz vorsagen: »Ich nehme meine Träume bewusst wahr!« Auf die Dauer wird diese Anweisung wirken.

Heutzutage gibt es selbst für das Erlernen des bewussten Träumens elektronische Hilfsmittel. Das ist eine sogenannte MindMachine, welche die Rolle des Helfers im alten Tibet übernimmt und zu Beginn des REM-Schlafs über Kopfhörer zum Beispiel den Satz »Ich träume jetzt« sanft ertönen lässt. Leider ist es jedoch gewöhnungsbedürftig, mit Kopfhörern und Abnehmer für die Augenimpulse normal zu schlafen. Aus diesem Grund hat sich DreamLight – wie diese MindMachine in den USA genannt wird – nicht durchgesetzt.

Ob Sie nun mit DreamLight, einem Freund oder dem eigenen Willen üben, denken Sie vor dem Einschlafen darüber nach, wie Sie erfolgreicher werden. Wird – in welcher Weise auch immer – das Thema Erfolg in Ihrem Leben angesprochen, fragen Sie sich, ob es sich um einen Traum handelt. Wenn Sie über Erfolg reden, an ihn denken, sich um ihn bemühen, prüfen Sie stets, wie bewusst Sie sich dabei sind.

> **Was hilft, bewusst zu träumen?**
>
> Versuchen Sie, täglich mindestens einen Traum zu erinnern und sich mit ihm zu beschäftigen.
> Visualisieren Sie regelmäßig Ihre bearbeiteten inneren Filme.
> Nutzen die Kraft der Affirmation.
> Fragen Sie sich jedes Mal, wenn Ihr Thema angesprochen wird, ob es sich um einen Traum handelt.
> Bemühen Sie sich in Ihrem Alltagsleben um Bewusstheit. Werden Sie sich dessen bewusst, wenn Sie phantasieren und träumen.

Wahrscheinlich werden Sie jetzt über Ihr Thema Erfolg regelmäßig träumen. Sie werden sich auch im Traum bewusst sein, dass Sie über Erfolg träumen. Ein typischer Anfängerfehler wäre es nun, sofort eingreifen zu wollen. Das Eingreifen würde Sie auf der Stelle erwachen lassen. Seien Sie geduldig. Gehen Sie Schritt für Schritt vor. Warten Sie geduldig, bis die Zeit dafür reif ist, Änderungen in Ihren Träumen vorzunehmen.

Wenn Sie jetzt öfters bewusst träumen, nehmen Sie sich vor, die Traumbilder langsamer laufen zu lassen, so dass Sie sich bewusst in Ihrem inneren Film umschauen können. Gelingt Ihnen auch das, können Sie vorsichtig beginnen, bestimmte Situationen herbeizuführen, in denen Sie sich frei bewegen und Ihre Träume wie bei der Traumbearbeitung verändern.

Wie gesagt, bei der Traumarbeit gilt grundsätzlich, dass man nichts erzwingen darf und Geduld braucht. Das Bewusstsein sollte das Unbewusste nie in eine bestimmte Ecke treiben. Ihr Bewusstsein kann jedoch Ihrem Unbewussten bestimmte Impulse geben und hoffen, dass sie aufgenommen und verarbeitet werden. Jeder Eingriff in den Traum muss mit Fingerspitzengefühl vorgenommen werden. Das gilt im besonderen Maß für das luzide Träumen. Wenn Sie mit der Einstellung einschlafen »Ich will jetzt gefälligst einen Traum haben, der mir sagt, wie ich erfolgreicher werde!«, wird Ihr Unbewusstes seinen Dienst verweigern. Sie können Ihr Unbewusstes nicht zwingen, Sie zum Weltmeister des Erfolgs werden zu lassen.

Der Weise arbeitet mit seinem Unbewussten zusammen und nicht gegen sein Inneres. Er hört hin, was seine Intuition ihm mitzuteilen hat. Deswegen ist es nicht empfehlenswert, allnächtlich luzid zu träumen. Denn es sind die »normalen« Träume, die uns auf dem Weg zum Erfolg heilsam korrigieren. Wenn Sie bewusst träumen wollen, dann bieten sich Zeiten dafür an, in denen Sie eine Frage hart bedrängt. Nach Beantwortung dieser Frage sollten Sie jedoch wieder »normal« träumen. Das ist auch deswegen ratsam, da einige luzide Träumerinnen und Träumer davon berichten, dass dieses Träumen den Erholungswert des Schlafs stört. Wenn ich luzid träumte, fühlte ich mich immer etwas unausgeschlafen und benötigte einen Mittagsschlaf. Allerdings ziehe ich es vor, nicht direkt in meine nächtlichen Träume einzugreifen (bin ich da zu konservativ?). Bei Phantasien am Tag dagegen greife ich gerne korrigierend oder experimentierend ein.

Die Bildung einer Vision

Wehe dem, der sich davor fürchtet,
ein Risiko einzugehen. Vielleicht wird er
nie ernüchtert oder enttäuscht und auch
nicht leiden wie jene, die träumen
und diesen Träumen folgen.
Doch wenn er dann zurückblickt – und
wir blicken immer zurück –, wird er
hören, wie sein Herz ihm sagt: »Was
hast du aus den Wundern gemacht, die
Gott über deine Tage verteilt hat?«

Paulo Coelho

Träume sind Phantasien über die Zukunft.

Der konservative Freud, noch ganz im Denken des neunzehnten Jahrhunderts verstrickt, schaute stets zurück. Was sah er? Immer nur die Eltern! Dass es auch ein Leben jenseits des Einflusses unserer Eltern gibt, erahnte Jung. Er drehte sich um, um in die Zukunft zu schauen. Und dieser vorausschauende Blick stellt immer auch die Frage nach unserem Potential. »Welche Erfolgsmöglichkeiten habe ich?« fragt man sich, als ob diese von einem unbeugsamen Schicksal vorgezeichnet sind.

Heute nimmt man an, dass wir es selbst sind, die uns unsere Erfolge oder Misserfolge schaffen. Um erfolgreich zu sein, benötigen wir ein Konzept von der Zukunft.

Schauen Sie sich Ihre inneren Filme an. Wie oft bearbeiten sie das Thema Zukunft! In Tessis Traum ging es um deren Zukunft wie auch in vielen anderen Träumen. Drängt sich Ihnen gerade das Thema Erfolg auf, dann wird Ihre Phantasie immer wieder der Zukunft zufliegen. Wer erfolgreicher werden will, der beschäftigt sich bewusst und unbewusst ständig mit seiner Zukunft, denn der Erfolg fängt mit der Einbildung an. Am Anfang eines jeden Erfolgs stehen unsere Bilder und Vorstellungen – in allen unseren selbstproduzierten Filmen.

Die Welt von Tausendundeiner Nacht hat Sie sicher ebenso wie mich fasziniert. Da wird der mächtige Kalif Harun al Raschid als der erfolgreichste Beherrscher der Gläubigen in buntesten Farben geschildert, dass man als unbedarfter Leser nur vor Neid erblassen kann. Harun Al Raschid hatte einen Sohn, den späteren Kalifen Al Ma`mun. Als Sohn eines erfolgreichen Vaters stand Al Ma`mun unter dem fürchterlichen Druck, selbst erfolgreich zu werden. Er überlegte sich Tag und Nacht, wie er den Erfolg anlocken könne – es wollte ihm jedoch keine Idee kommen. Er stand so sehr im Schatten seines berühmten Vaters, dass er an nichts anderes mehr denken konnte als an seinen persönlichen Erfolg. Als Harun Al Raschid 809 in Tus starb, wurde Al Ma`mun als sein Nachfolger ausgerufen. Jetzt galt es, sich zu bewähren.

Dem neuen Kalifen träumte eines Nachts, dass er mit einem bleichen, blauäugigen Mann sprach, der in würdiger Haltung auf dem Thron saß. Al Ma`mun wusste sofort, dass sein Gesprächspartner kein Geringerer als Aristoteles war. Der Philosoph wies den Kalifen an, die Übersetzung der griechischen Klassiker zu unterstützen.

Al Ma`mun erwachte erschrocken. Mit Aristoteles sprach man ja nicht alle Tage – selbst nicht im Traum. Ihm war sogleich deutlich, dass sein Erfolg darin liegen würde, dem Rat des Aristoteles zu folgen und die griechischen Klassiker ins Arabische übersetzen zu lassen. Unter seiner Herrschaft wurden die wichtigsten Klassiker übersetzt und damit vor ihrem Untergang bewahrt. So überlebte die griechische Klassik durch einen Traum. Al Ma`mun wurde von allen Gelehrten seiner Zeit wegen seiner Rettung des griechischen Schrifttums hoch gelobt. Bagdad erlebte eine Blüte des kulturellen Lebens wie nie zuvor (und unterschied sich drastisch von der völlig unkultivierten Welt des Christentums seiner Zeit).

Ein nächtlicher Traum zeigte also – wie so oft – auch Al Ma`mun seinen Weg zu Erfolg. Und Al Ma`mun, der Retter des antiken Wissens, war klug genug, diesem Traum zu folgen, der ihm seine Lebensvision zeigte.

Der Traum Al Ma`muns war freilich sehr konkret. Er brauchte nicht gedeutet zu werden. Er war offen wie ein Buch. Das ist meistens der Fall, wenn man sich mit einem Thema eingehend auseinandergesetzt hat, welches dann von den Traumwelten aufgegriffen wird. Je mehr Arbeit Sie in die Klärung Ihrer Fragen investieren, desto eindeutiger wird Ihre Traumwelt Sie unterstützen. Aus diesem Grund berichten auch Heilige über solch klare Visionen: Sie haben mit den Themen Ihrer Vision (meist der süße Sog der Verführung) wie Al Ma`mun ständig gerungen.

Betrachten wir uns den Traum des großen Kalifen einmal näher, fällt auf, dass Aristoteles zwar würdig als König der Philosophen auf dem Thron sitzt, aber er hat blaue Augen. Eigentlich wurden die blauen Augen seit Anbeginn des Islams dämonisiert. Als der Entdeckungsreisende Mungo Park das islamische Afrika betrat, musste er fortwährend wegen seiner blauen Augen leiden. »Blaue Augen haben nur Katzen und ungläubige Hunde« heißt es im Arabischen. Aber zur Zeit Harun Al Raschids und Al Ma`muns war Arabien ein anderen Kulturen gegenüber liberales Land und blaue Augen wurden als Zeichen der Europäer angesehen. Archetypisch schwingt wahrscheinlich auch die Bedeutung der Farbe Blau mit: Blau zeigt die Tiefe der Seele. Und aus der Tiefe der Seele – so meinte man damals – hole Aristoteles seine unumstößlichen Weisheiten.

Sie sehen an dieser kurzen Betrachtung des Symbols der blauen Augen, wie schwierig es ist, Träume aus anderen Kulturen zu betrachten. Die Assoziationen können bisweilen erheblich von den uns geläufigen abweichen.

Erfolg braucht eine Vision.
Eine Vision richtet unser Handeln auf ein Ziel aus.
Einer Vision geht eine eingehende Beschäftigung mit der Zukunft voraus.
Eine Vision baut sich schrittweise durch Vorstellungen über die Zukunft auf.

Der Traum ist ein weites Feld. Es zieht sich hin vom nächtlichen Traum bis zur bewußten Vorstellung, von der Phantasie bis hin zum

Ideenblitz. Im Beispiel von Al Ma`mun zeigte der nächtliche Traum eine Lebensvision klar auf. Die Autorität (Aristoteles) sagte dem Träumer, was zu tun sei. Vom Sohn einer übermächtigen Vaterautorität ist eine solche Visionsstruktur zu erwarten. Bei uns »normalen« Menschen wird sich die Vision eines erfolgreichen Lebens eher subtil in der Phantasie und Vorstellung zeigen. Tritt sie uns im nächtlichen Traum entgegen, wird sie eher symbolisch verschlüsselt zu uns reden. Sie werden sich vielleicht auf einem Gipfel sehen oder rasen mit Auto oder Flugzeug einem bekannten Ziel entgegen. Möglicherweise siegen Sie in einem Zweikampf oder konsumieren Luxusgüter – kurzum all jene Bilder treten auf, die wir aus der modernen Werbung kennen, die großteils monoton nur die Erfolgreichen in Szene setzt.

Wenden wir uns jetzt der visionären Vorstellung zu, die manch einer unberechtigt als Spinnerei abtut. Um erfolgreicher zu werden, benötigt man schon deswegen eine Vorstellung, um sein Handeln an einem Ziel auszurichten. Wenn Sie nicht wissen, wohin Sie wollen, wird der Erfolg Sie meiden. Wissen Sie, auf welchem Gebiet Sie erfolgreich sein wollen, haben Sie das Ziel schon mehr oder weniger klar bestimmt. So war es Tessi beispielsweise klar, dass sie entweder als Schauspielerin oder als Drehbuchautorin ihren Erfolg anstrebte. So ergaben sich zwei unterschiedliche Ziele, die abgewogen werden mussten. Al Ma`mun befand sich in einer schwierigeren Situation: Ihm war nicht klar, auf welchem Gebiet er den Erfolg anstrebte. Freilich war sein Vater auch ein großer Förderer der Kultur gewesen, aber er war auch ein großer Politiker und berühmter Rechtsgelehrter.

Geht es Ihnen wie dem Kalifen-Sohn, kommt es erst einmal darauf an, die Gebiete herauszufinden, in denen Sie Erfolg haben wollen. Es ist immer weise – zumindest zunächst –, sich auf ein Gebiet zu beschränken. Stellen Sie sich nun die Gebiete vor, die für Sie in Frage kommen. Vielleicht wird Ihnen ein Traum helfen, aber spekulieren Sie nicht darauf. Nehmen Sie sich einen Abend Zeit dafür, sich für jedes Gebiet auszumalen, dass Sie dort erfolgreich sind. In Tessis Fall stellen Sie sich im Detail einen Tag in der Zukunft vor. Wie werden Sie zum Beispiel als gefeierte Schauspielerin heute in einem Jahr leben? Stellen Sie sich das so genau wie möglich vom Aufstehen bis zum Schlafengehen vor. Danach führen Sie das gleiche für Ihr Leben als erfolgreiche Drehbuchautorin durch. Sicher haben Sie ganz andere Ideen, wo Sie erfolgreich sein möchten. Gehen Sie diese Optionen auf die gleiche Weise durch.

Bei welcher Vorstellung haben Sie sich am besten gefühlt?

Arbeiten Sie diese Vorstellung, bei der Sie sich rundum wohl fühlen, im Detail aus. Welche Verpflichtungen kommen auf Sie als Drehbuchautorin zu? Womit werden Sie zu kämpfen haben? Was können Sie sich leisten, was nicht? Wie sieht es mit Ihrem inneren Erfolg im Vergleich zu Ihrem äußeren Erfolg aus?

Es ist wichtig, all diese Ziele als vollständig erreicht zu visualisieren. Erst danach können Sie einen Schritt weitergehen und sich vorstellen, was mit Ihnen geschieht, wenn einmal der Erfolg auf Ihrem Gebiet ausbleibt. Auch Al Ma`mun musste gegen den anfänglichen Widerstand strenger islamischer Gruppen kämpfen, denen die Niederschrift der Werke der Ungläubigen suspekt war. Er war mit seinem Plan keineswegs sogleich erfolgreich – aber er blieb dran. Bedenken Sie, dass erfolgreiche Menschen sich gerade dadurch auszeichnen, dass sie auch bei Niederlagen ihr Ziel nicht aus den Augen verlieren. Bleibt trotz kurzfristiger Niederlage ein positives Gefühl, dann können Sie sicher sein, auf dem rechten Weg zu wandeln.

Der Aufbau einer Vision

Stellen Sie sich alle Zukunftsmöglichkeiten vor. Malen Sie sich so konkret wie möglich aus, wie sich Ihr Leben verändern wird, wenn Sie Ihre einzelnen Möglichkeiten leben.

Entscheiden Sie sich, welche dieser Möglichkeiten Ihnen am meisten zusagt.

Stellen Sie sich Schritt für Schritt vor, wie Sie die gewählte Möglichkeit realisieren. Wie werden Sie Ihr Ziel erreichen?

Sie haben es wahrscheinlich selbst bemerkt: Auf die im Kasten beschriebene Weise bilden Sie sich eine Lebensvision. Diese ist allerdings noch unvollständig, wenn Sie sich nicht ebenfalls vorstellen, wie Sie den Erfolg erreichen wollen. Dafür benötigen Sie ebenfalls wieder etwas Zeit, in der Sie sich ungestört Ihren Vorstellungen hingeben können. Nehmen wir an, Sie wollen in einem Jahr eine berühmte Drehbuchautorin sein. Dann stellen Sie sich jetzt Schritt für Schritt vor, was Sie unternehmen müssen, um das zu erreichen. Fragen Sie sich, was Sie in elf, in zehn, in neun Monaten, in einem halben Jahr oder in einen Vierteljahr dafür tun müssen. Es hilft dabei, sich rückwärts durch die Zeit zu bewegen, denn Ihr Ziel haben Sie ja vor Augen, das ist konkret. Geht man in seiner Vorstellung vom Ziel rückwärts bis zum Jetzt-Zustand vor, wird man sein Ziel nie aus den Augen verlieren. So schaffen Sie die Grundlage für ein erfolgreiches, zielgerichtetes Planen sowohl im privaten als auch im geschäftlichen Leben. Sie schaffen sich eine Vision, an der Sie sich ausrichten können, und die Sie durch häufige Visualisierung verinnerlichen.

Sie haben eine Vision. Sie war Ihnen entweder gegeben oder Sie haben sie sich in Ihrer Vorstellung aufgebaut. Dabei kann solch ein Aufbau einer Vision bisweilen Jahre oder gar Jahrzehnte dauern, in denen Sie Ihre Vorstellung ständig verfeinern, verändern und konkretisieren. Sie träumen sich Stück für Stück Ihrer Zukunft entgegen. Im Grunde geht jeder von uns so vor – der einzige Unterschied liegt darin, wie bewusst einem dieses Vorgehen ist. Je bewusster und konkreter man sich seine Zukunft erträumt, desto durchschlagender wirkt dieser innere Film.

Was machen Sie jedoch, wenn Sie keinerlei Vorstellung von Ihrer Zukunft haben? Wenn Sie überhaupt nicht wissen, was Sie in Ihrem Leben erreichen möchten? Wo es keine Perspektive gibt, gibt es auch keine Vision zu entwickeln.

In diesem Fall liegt es als erstes an, sich in seinen inneren Filmen mit einer möglichen Perspektive zu beschäftigen. Bestellen Sie sich Träume, die Ihnen die Augen für Ihre Perspektive öffnen. Phantasieren Sie sich eine Perspektive herbei. Nutzen Sie das Wechselspiel zwischen Tagtraum und nächtlichem Traum. Sie brauchen dabei nicht unbedingt Ihre inneren Filme zu deuten, sondern lassen Sie sich von ihnen helfen. Lassen Sie sich zu Phantasien über Ihre Zukunft inspirieren. Wie Sie hierbei am besten vorgehen, wird Ihnen der folgende Abschnitt über den Traum als Problemlöser erläutern.

Die deutsche Regisseurin und Autorin Doris Dörrie beschreibt sehr anschaulich, wie Sie sich früher ihre Träume bestellt hat – machen Sie es doch ebenso: »Meine Träume waren besser als Kino. Vor dem Einschlafen überlegte ich mir kurz das Genre, und dann Augen zu und los. Winnetou Teil 4, 5, 6 – kein Problem. Nicht nur die Serengeti lebte, sondern auch die Tundra, Spanien und die Lüneburger Heide.«[24] Legen auch Sie sich eine große Traumvideothek an, aus der Sie sich jeden Abend das Geeignete heraussuchen. Ein paar Lehrfilme mit dem Thema »Wie werde ich erfolgreich« werden Sie leicht finden. Sie können sich das alles in Farbe, mit atemberaubenden Bildern und im Imax-Format selbst produzieren.

Traum als Hilfe bei Problemlösungen

Der Traum ist eine Schutzabwehr gegen
die Regelmäßigkeit und Gewöhnlichkeit
des Lebens, eine freie Erholung der
gebundenen Phantasie, wo sie alle Bilder
des Lebens durcheinanderwirft und die
beständige Ernsthaftigkeit des
erwachsenen Menschen durch ein
fröhliches Kinderspiel unterbricht.

Novalis (zitiert bei Freud in *Die Traumdeutung*)

Der deutsche Physiker Werner Heisenberg beschäftigte sich eingehend mit der Frage, wie wir Probleme erkennen und lösen. Im fort-
geschrittenen Alter kam er zu dem Schluss, dass sich in der
Geschichte des menschlichen Denkens die fruchtbarsten Entwick-
lungen gerade dort ergeben haben, wo sich zwei unterschiedliche
Arten des Denkens trafen. Auf dieser Beobachtung bauten später
moderne kreative Teams auf, die technische Probleme zu lösen hatten und zum Erstaunen aller auch Künstler, Literaturspezialisten und
Sportler in ihr Team aufnahmen. Berühmt ist Robert Oppenheimers
Team, das die erste Atombombe konstruierte und in dem neben Phy-
sikern und Mathematikern gleichberechtigt ein Musiker und ein
Sanskrit-Spezialist arbeitete.[25] Auf den ersten Blick mag das verwun-
dern, aber wirklich nur auf den ersten Blick, denn betrachten wir
»das Problem der Problemlösung« genauer, fällt uns sofort die
Scheuklappensicht der Spezialisten auf.

Ist es Ihnen nicht auch schon so ergangen, dass Sie sich bei der
Problemlösung ständig im Kreis drehen? Sie denken immer wieder
die gleichen Gedanken. Es gelingt Ihnen nicht, diesen unseligen
Kreislauf zu durchbrechen. Und dann kommt ein Kind und stellt
Ihnen genau die richtigen Fragen. Es öffnet Ihnen die Augen, weil es
mit Naivität gesegnet ist – es weiß zumindest nicht, wie man etwas
konventionellerweise zu betrachten hat.

Probleme sind häufig das Symptom unflexiblen Denkens. Wenn
wir nicht den erwünschten Erfolg erreichen, liegt das häufig an unserer Starrheit. Es ist die Unbeweglichkeit im Kopf, die unsere Unbeweglichkeit in der Handlung nach sich zieht und die unsere Hoff-
nungen auf Erfolg zunichte macht.

Kommen wir zurück zu Heisenbergs Gedanken: Dort, wo sich zwei unterschiedliche Arten des Denkens treffen, entstehen erfolgreiche Lösungen. Gehen die intuitiven Traumwelten und das logische Denken eine Beziehung ein, wird der Erfolg nicht lange auf sich warten lassen.

Knüpfen wir an unser unseliges Problem an: Gerne hätten wir Erfolg, aber uns bleibt verborgen, welchem Gebiet wir uns zuwenden sollen. Im besten Fall haben wir wie Tessi eine Auswahl zwischen mehreren Möglichkeiten. Oft ist es uns jedoch völlig unklar, wie und wo wir erfolgreich sein können.

Ich habe es vorhin schon angedeutet, dass Sie sich einen Traum zu einem bestimmten Problem bestellen können. Der innere Film auf Bestellung – das hört sich an, als ob wir in die Videothek gehen, um uns einen bestimmten Film auszuleihen. Sie werden staunen, letztendlich ist das gar nicht so verschieden von dem hier empfohlenen Umgang mit Ihren inneren Filmen. Sie möchten erfolgreicher sein, das bedeutet, dass Sie in Ihrem Unbewussten schon einige Filme über Erfolg vorliegen haben. Zu jedem Problem, das uns bewegt, werden sogleich innere Filme produziert. Unsere Phantasie nimmt sich stets der aktuellen Themen, die uns problematisch erscheinen, an. Jetzt geht es darum, einen Zugang zu diesen Lehrfilmen zu finden, denn ungesehene Filme nutzen uns wenig.

Modellaffirmationen, um sich innere Filme zum Thema »Erfolg« zu bestellen:

Ich erinnere und verstehe morgen früh meinen Traum, der mir zeigt, wie ich erfolgreich werde.
Diese Nacht wird mir gezeigt, wie ich erfolgreicher mein Leben führen kann. Ich verstehe diesen Traum leicht und mühelos.
Ich träume mich erfolgreich.
Morgen früh kenne ich meinen Weg zum Erfolg.

Wie so oft in der Traumarbeit lautet das Zauberwort: Affirmation. Sie bitten Ihr Unbewusstes, Ihnen aus seinem großen Archiv einen Lehrfilm zum Thema Erfolg vorzuspielen. Mit der Affirmation »Diese Nacht wird mir im Traum gezeigt, wie ich mein Leben erfolgreicher führe. Ich werde diesen Traum erinnern und verstehen.« können Sie sich einen hilfreichen Lehrfilm aus Ihrem Unbewussten hoch laden. Sie können diese Affirmation auch gemäß Ihrer

125

Bedürfnisse verändern. Wichtig ist nur, dass sie in positiver Weise das ausdrückt, was geschehen soll, als ob es schon geschehen wäre. Allerdings muss ich Sie warnen: Eine Affirmation wirkt nur dann, wenn Sie sich auch in Ihrem Tagesbewusstsein mit dem Problem beschäftigen. Reden Sie mit Ihren Freunden über Ihre Erfolgsmöglichkeiten, schreiben Sie Ihre Gedanken dazu in Ihrem Tagebuch nieder, lassen Sie Tagträume zu, in denen Sie sich als erfolgreich in Szene setzen. All das zusammen mit der Affirmation wird Ihnen einen Traum zum Thema Erfolg bescheren. Vertrauen Sie darauf, dass der bestellte Film nicht lange auf sich warten lässt.

Wie zu Beginn des Praxisteils eingehend beschrieben wurde, sollten Sie nun diesen Traum nach der DreamCreativity®-Methode deuten und bearbeiten – es sei denn, er würde Ihnen sofort unmissverständlich klarmachen, wo Ihnen der Erfolg winkt.

Betrachten Sie Ihren Traum nur auf Ihre Frage hin. Das ist ein Grundsatz der lösungsorientierten Traumdeutung, den Sie einhalten sollten, um sich nicht bei der Deutung zu verzetteln.

Nachdem Sie Ihren Traum »verstanden« haben, bearbeiten Sie ihn wieder. Sie schlüpfen in die Rolle des Filmregisseurs und vergeben die Hauptrolle des erfolgreichen Helden oder der erfolgreichen Heldin an sich selbst. Es kommt nun darauf an, dass Sie in dieser Rolle brillieren. Sie wissen, Sie sind der Star, von dem der Erfolg des Films abhängt. Hat Ihr bestellter Film Ihnen nicht eindeutig gezeigt, wie Sie zum Erfolg kommen können, dann üben Sie sich in mehreren erfolgreichen Hauptrollen. Fällt Ihnen nichts ein, setzen Sie sich einfach mit einem Glas Champagner hin, vergegenwärtigen Sie sich Ihren bestellten Traum noch einmal, und schreiben Sie jetzt munter drauflos. Lassen Sie Ihren Ideen freien Lauf, und folgen Sie nur einer Maxime: Sie spielen die Rolle des Erfolgreichen. Das ist Ihr Ziel.

Bei der Arbeit an Ihrem Drehbuch werden in Ihnen wahrscheinlich neue Ideen entstehen, wie Sie sich selbst fördern können, auf dass Sie erfolgreicher werden. Wenn Sie Ihren neuen Film entworfen haben, nehmen Sie sich Zeit, ihn in all seinen Einzelheiten vor Ihrem inneren Auge ablaufen zu lassen. Das ist die Premiere. Und dieser Traum wird wieder neue Träume hervorrufen. Sie werden sich in Ihrem Alltagsleben an diese Träume erinnern, und so werden sich Traumleben und Wachbewusstsein mehr und mehr vernetzen. Damit werden Sie Ihrem Ziel, erfolgreicher zu werden, spielerisch näher kommen.

Angst in Erfolg verwandeln
Alp- und Angstträume

Macht dem Angst,
was Euch Angst macht.

Graffiti, Berlin

Alpträume und Angstträume verwirren uns, jagen uns einen Schreck ein, dass wir sie lieber sogleich vergessen würden. Diese Haltung ist aber sehr unproduktiv. Sie behindert Sie auf Ihrem Weg zum Erfolg. Nehmen wir doch lieber solche Träume als Chance, einen tiefen Einblick in unsere Psyche zu bekommen.

Der Angsttraum als Chance

Dunkle Nacht, kein Stern ist zu sehen. Ich gehe über eine verwaiste, breite Vorstadtstraße. Aus dem Himmel wurde geschossen. In den Fassaden sehe ich häßliche Einschußlöcher. Mein glatzköpfiger Agent läuft neben mir, ich sehe eigentlich nur seinen Schatten. Wie in einem schlechten Film trägt er eine viel zu große Sonnenbrille. Ich rieche, daß er Angst hat.

Wir kommen an einen großen umzäunten Gebäudekomplex. Im Elektrozaun gibt es zwei Tore, die weit offen stehen. Kaltes Licht beleuchtet den Asphalt vor diesem Gebäude, das sich bei näherem Hinsehen als graue Baracke herausstellt. Ich nehme das linke Tor, mein Agent das rechte. Wir werden erwartet. Die Tür der Baracke steht weit offen. Neonlicht fällt aus dem Quadrat der Tür. Vor dieser Tür stehen zwei vermummte Männer mit Gewehren. Wir betreten schweigend den Verhörraum. Ich setze mich auf einen Stuhl und lasse mich aus Protest nach hinten fallen. Als ich dort liege, kommt einer der Bewacher, zielt auf mich und schreit: »Aufstehen! Jetzt wirst Du im kalten Wasserloch ertränkt.«

Tessi wacht zitternd und schwitzend auf.

Kennen Sie auch solche Angstträume? Träume, die den B-Movies aus dem Fernsehen ähneln? Am liebsten vergißt man sie wieder, und doch sind es gerade diese Träume, mit denen man sich beschäftigen sollte. Wenn man sie sogleich verdrängt und sich dem Schönen des Lebens zuwendet, werden sie unweigerlich wiederkehren.

Ich werde oft gefragt, ob Angst- oder Alpträume zu haben krankhaft ist. Wenn ich nicht alle vierzehn Tage oder gar häufiger von solchen Träumen geweckt werde, sind sie hilfreich, ja geradezu gesund – wenn ich den Mut aufbringe, sie zu betrachten. Niemals Angst zu empfinden, halte ich nicht für ein Zeichen von Gesundheit und Stärke, es ist unmenschlich, eine Störung.

Bevor wir uns jetzt dem Angsttraum Tessis zuwenden, möchte ich Ihnen kurz einige Erläuterungen zum Unterschied zwischen Angst- und Alptraum geben. Große Verwirrung herrscht bei Laien in bezug auf diese beiden Begriffe. Angst- und Alpträume sind ganz unterschiedliche Phänomene des nächtlichen Schlafs. Sie gehören nämlich unterschiedlichen Schlafphasen an:

Angstträume stammen aus den REM-Schlafphasen, die uns auch unsere anderen Träume bescheren. In diesen REM-Schlafphasen bewegen wir uns nahe dem Wachstadium und können unter anderem deswegen unsere Träume als innere Filme erleben und behalten. Sie sehen es an Tessis zweitem Traum: Die Angstträume ähneln einem Kriminalfilm, dessen Bilder uns bewegen. Oft sind wir die mehr oder weniger hilflosen Opfer. Das erzeugt Angst, Wut und Widerstand – als freilich sehr gesunde Reaktionen –, die uns aufwecken. Übrigens wird durch den typischen Angsttraum Freud Lügen gestraft: Der Angsttraum ist keineswegs »der Hüter des Schlafes«, sondern im Gegenteil sein Störer. Er weckt uns auf. Und das ist gut so, denn damit erinnern wir ihn und können uns bewußt mit ihm auseinandersetzen.

Alpträume dagegen überfallen uns in den NON-REM-Phasen des Schlafes, in denen wir uns im Tiefschlaf befinden. Wir wachen auch nach solch einem Traum auf, da er uns so erregt, daß der selige Schlummer uns meidet. Aber NON-REM-Träume werden nicht wie Filme erinnert. Wahrscheinlich liegt das daran, daß im Tiefschlaf unser Bewußtsein mehr heruntergeschaltet ist als im Traumschlaf und solche Träume auch viel kürzer sind. Wir wachen völlig desorientiert auf, schwitzen und zittern, befinden uns in Panik – aber warum wir uns in diesem Zustand befinden, wissen wir nicht. Wir können solch einen Traum nicht oder bestenfalls nur sehr bruchstückhaft erinnern. Mit Alpträumen kann man deswegen meistens nicht wie mit einem Angsttraum arbeiten. Wir können zwar fragen, warum wir gerade diese Nacht einen solchen Traum gehabt haben. Was hat uns die Tage zuvor so bewegt, daß unser innerer Regisseur uns so drastisch erschreckt? Der Traumtext bleibt uns jedoch verborgen. An eine Deutung ist nicht zu denken. Es gibt keinen Inhalt, der zu verstehen oder zu bearbeiten wäre.

Angst- und Alpträume

Angsträume treten in den REM-Phasen des Schlafs auf und können wie ein Film erinnert werden. Sie sind der Ausdruck von Selbstzweifeln und letztendlich von masochistischen Tendenzen, die erfolgshemmend sind.

Alpträume treten in den NON-REM-Pasen – den Tiefschlafphasen – auf und können nicht wie ein Film erinnert werden. Deswegen ist bei ihnen keine Deutung des Traumtextes möglich.

Angst- und Alpträume sind bei Kindern in bestimmten Lebensphasen normal, bei Erwachsenen deuten sie unverarbeitete innere Probleme an, die unbedingt bearbeitet werden müssen.

Solche Alpträume sind bei Kindern in bestimmten Phasen normal, bei Erwachsenen deutet jedoch ein häufigeres Auftreten daraufhin, daß man sich erfolglos und bedroht fühlt. Nutzen Sie sie als Zeichen dafür, Ihr Leben zu überdenken.

Wir werden uns jetzt dem Angsttraum zuwenden. Wie auch im Leben geht es darum, die Angst in Erfolg zu verwandeln. Meine These lautet: Unbearbeitete Angsträume sind Erfolgsverderber. Man bestraft sich mit ihnen, da man sein Erfolgspotential nicht lebt. Diese Bestrafung ist jedoch töricht und entstammt (unbewußten) masochistischen Tendenzen, die zu überwinden sind. Freud brachte es auf den Punkt, wenn er in den Angsträumen das Wirken des Todestriebs *(Thanatos)* erkannte. Wir wenden uns jedoch dem Leben zu und schauen, wie wir widrige Einstellungen in erfolgreiche Strategien abändern.

Vorweg gesagt: Angst zu haben, gehört zum Leben. Weder in seinen inneren Filmen noch in seinem Tagesbewußtsein Angst zu haben, ist ein Zeichen von Realitätsverkennung oder fehlender Sensibilität. Es läßt eine psychische Störung oder gefährliche Ignoranz vermuten. Unser Ziel kann es also nicht sein, uns nicht mehr mit angstmachenden Filmen zu erschrecken, sondern es geht darum, das zu verstehen, was uns – berechtigt oder unberechtigt – Angst einjagt.

Tessis zweiter Traum ist ein typischer Angsttraum. Der Träumerin fällt sogleich auf, daß die beiden Männer, die den Eingang der Baracke bewachen, vermummt sind. Selbst als der Bewacher sie anschreit, ist kein Gesicht zu erkennen. Eine derartige gesichtslose Gefahr verweist stets auf die Angst vor unbekannten Mächten, die solche Träume produziert. Und es sind ja nicht nur die gesichts- und damit identitätslosen Bewacher, die Tessi in Ihrem Traum bedrohen, sie weiß auch gar nicht, warum sie verhört werden soll. Auch die Anklage bleibt dunkel. Es ist wie in Kafkas Roman »Der Prozess«: Es gibt nicht nur keine Anklage, es gibt auch keinerlei Gründe für solch eine Anklage.

Sie erinnern sich: Alles in unseren inneren Filmen sind wir selbst. Beziehen wir das auf diesen Traum, bemerken wir sogleich, daß Tessi sich selbst bedroht – aber diese Bedrohung ist inhaltlos. Die übelsten Bedrohungen, mit denen wir uns sabotieren, unsere Ziele zu erreichen, sind stets inhaltlos. Und woher stammen sie? Es sind Tessis harte Seiten, symbolisiert durch die vermummten männlichen Bewacher. Und jetzt wird auch deutlich, warum Tessi sich freiwillig in die Hände ihrer Bewacher begibt. Sie wird ja nicht von außen dazu gezwungen, Sie selbst hat diese Einstellung gebildet. Sie hat sich verhärtet.

So sagt es der Traum deutlich mit seinen Szenen: Nicht äußerer Zwang hindert Tessi daran, erfolgreich zu sein, sondern die eigenen verinnerlichten Zwänge sind es, mit denen Sie sich selbst bekämpft. Und erstaunlicherweise sind wir es meistens selbst, die sich behindern – was uns allerdings keineswegs davon abhält, diese Behinderungen in die Außenwelt hineinzusehen. Die Eltern, die Gesellschaft, die Verwandten oder Bekannten, die uns falsch behandelten, sind beliebte Projektionsflächen, aber dieser Traum sagt es deutlich: »Du bist es selbst, die sich behindert! Kein anderer ist es!«

Es ist charakteristisch, daß Angstträume vor sinnwidrigen Lebenseinstellungen warnen, die wir unbewußt verinnerlicht haben. Auch wenn wir noch so sehr den Erfolg anstreben, es gibt in uns auch immer die negierende Seite, den Widerspruchsgeist, der stets verneint. Der wesentlichste Schritt auf ein erfolgreiches Leben hin besteht im Bekämpfen dieses eigenen inneren Widerspruchs. »Überwinde Deine eigene Negativität!« fordert dieser Traum Tessi auf. Sie erinnern sich an Mephistos Vorstellung in Goethes »Faust«: Er ist der Geist, der stets verneint, der stets das Böse will und stets das Gute schafft. In der bewußt gemachten Verneinung liegt der Schlüssel zum Guten, zum positiven Handeln.

Wenden wir uns nun Tessis Agenten zu. Tessi wird gar nicht von einem Agenten vertreten, sondern eine jüngere Frau managed Tessi.

»Von solch einem billigen Hollywood-Verschnitt würde ich mich niemals vertreten lassen!« ruft Tessi angeekelt aus, als wir uns dieser Traumperson zuwenden. Was uns im Traum ekelhaft erscheint, das ist unser Schatten. Tessi sagt es auch selbst: Sie sieht nicht eigentlich den Agenten, sondern nur dessen Schatten. Das ist der Schatten, der uns alle begleitet. Er ist die Quelle unserer Angst. Deswegen gibt es keinen Angsttraum ohne den Auftritt unseres Schattens. Und was im Schatten liegt, das sieht man nicht, es wirkt aus dem Unbewußten. Wir sind ihm deswegen hilflos ausgeliefert.

Schauen wir uns dieses Bild des Schattens genauer an: Zunächst wird er als Tessis Agent bezeichnet, als derjenige, der Tessi vertritt. Er ist die Außendarstellung Tessis. Jung hätte gesagt: Er symbolisiert ihre Persona. Warum ist diese Persona – das offizielle Bild, das wir der Außenwelt von uns präsentieren – so häßlich?

Unser innerer Regisseur setzt im Angst- wie in jedem Traum unterschwellig wahrgenomme Informationen ins Bild. Das Unbewußte erkennt etwas, was unser Bewußtsein nicht erkennen kann (oder will). Das liegt häufig daran, daß die Informationen zu komplex sind, um logisch erfaßt zu werden, und daß sie oft zugleich unserem Bild von der Realität widersprechen.

Tessis Assoziationen bringen die Erkenntnis: Sie nahm sich eine Agentin, da sie meinte, sich selbst nicht gut anbieten zu können. Sie hat Angst davor, sich zu verkaufen. Auf der anderen Seite wird Tessi plötzlich durch diesen Traum deutlich, daß sie bisweilen an dem Auftreten ihrer Agentin zweifelt. Sie ist ihr zu konventionell, zu sehr in ihrer professionellen Rolle verstrickt. Aber Tessi traut sich nicht, ihr dies zu sagen. Sie kann ihr nicht in die Augen blicken, deswegen trägt der Traum-Agent eine Sonnenbrille.

Wie viele Traumpersonen besitzt der Schatten zwei Seiten: eine objektive und eine subjektive Seite. Die subjektive Seite verweist auf Tessis Eigenschaften, eben auf Tessi als Subjekt. Die objektive Seite deutet auf ein Objekt in der Außenwelt hin, in diesem Fall auf ihre Agentin. Beide Seiten hängen oftmals eng miteinander zusammen. Weil man selbst ängstlich ist, neigt man dazu, auch in der Alltagswelt diese Angst auf andere Personen zu projizieren. Die ängstliche Tessi richtet ihre Angst auf ihre Agentin. Damit behindert sie sich, den Erfolg zu erreichen, den sie anstrebt. Es könnte auch sein, daß Tessi sich unbewußt eine Agentin sucht, die ihr ähnelt, da sie vor einer cleveren, coolen Agentin Angst hat.

131

Wenn wir uns mit unserem Erfolg beschäftigen, dann kommt unweigerlich das Thema Angst auf. Erfolg ist nämlich der Bruder der Macht. Und in diesem Traum wird die Macht stets von den Männern ausgeübt. Frauen zeigen in unserer Gesellschaft häufig Angst vor der Macht. Das negative Image der Macht rührt daher, daß Macht als etwas verstanden wird, das Konkurrenzkämpfe erzeugt. Je mehr Erfolg, desto härter der Konkurrenzkampf. Die Angst vor diesem Kampf erzeugt Angstträume. Wenden wir das ins Positive: Der Angsttraum zeigt uns, wo wir zu verzagt sind, diesen Kampf aufzunehmen. Er wird von Männern eher als sportliches Ereignis angesehen, von Frauen wird er eher als asozial vermieden. Wer nichts fordert und wer nicht kämpft, der wird auch nicht erfolgreich werden. Das ist keine Frage der Moral, sondern der Realität. Angstträume helfen uns, dieser Realität ins Auge zu blicken und sich mit ihr auseinanderzusetzen. Kommunikationsgeschick und Durchsetzungskraft müssen auf dem Weg zum Erfolg in Einklang gebracht werden. In Tessis Traum hapert es an beidem: Es gibt im grunde keine Kommunikation. Bestenfalls könnten wir Tessis »Niederwerfung« – sie läßt sich aus Protest vom Stuhl fallen – als Kommunikation ansehen, freilich keine geglückte: Die Gestik der Unterwerfung bringt ihr nichts als den angedrohten Tod. Ihr Protest, ihr Herrschaftsanspruch wird als Provokation gesehen, die hart geahndet werden muß. Hier schauen wir ins häßliche Angesicht der Angst: »Wenn ich meine Rechte durchsetzen möchte, habe ich sogleich Angst, alles zu verlieren!« So sieht es Tessi, so sieht es ihr Traum. Auf die Durchsetzung erfolgt der Tod durch kaltes Wasser. Tessi muß lernen, ins kalte Wasser zu springen – das empfiehlt ihr innerer Film, das wurde ihr selbst bei dessen Deutung klar.

Angstträume setzen an der Sollbruchstelle der Psyche an. Es ist eine große Chance, sich dieser Sollbruchstellen bewußt zu werden, um sie zu stabilisieren. Tessi befaßte sich nach diesem aufrüttelnden Angsttraum mit der guten Seite der Macht und veränderte ihren Film dementsprechend. Speziell bei Angstträumen ist die Traumbearbeitung der DreamCreativity®-Methode unbedingt notwendig. Bevor wir uns dieser Traumbearbeitung zuwenden, möchte ich Sie noch gerne auf eine andere Möglichkeit aufmerksam machen, diesen Film zu verstehen.

Tessi hat diesen Traum auf ihre Einstellung zum äußeren Erfolg bezogen, und sie als Träumerin weiß am besten, worauf ihr Traum zielt. Dieser Angsttraum hätte aber auch genauso gut in bezug auf den inneren Erfolg gedeutet werden können. Setzen wir uns die Freudsche Brille auf, wären wir sogleich in eine andere Richtung geleitet worden: in das Verhältnis Tessis zum anderen Geschlecht und zu ihrer Weiblichkeit. Ich vermute, daß auch dieses Thema bei Tessi mitschwingt. Es bedrückte sie jedoch nicht so sehr, daß sie es ansprach. Vielleicht ist es auch sehr tief verdrängt und so bewußtseinsfern, daß es (noch) nicht anliegt, betrachtet zu werden.

Jede Problemlösung hat ihren idealen Zeitpunkt. Ist die Zeit nicht reif, sollte man das Problem lieber ruhen lassen. Wenn wir bei einem Traum bestimmte Ebenen nicht sehen können oder wollen, dann ist das oft ein Zeichen dafür, daß die Zeit nicht günstig ist, diese Ebene genauer zu betrachten. Probleme, die uns am Erfolg hindern, sind wie geologische Schichten zu sehen. Erst wenn wir die oberste Schicht freigelegt haben, können wir uns der darunterliegenden Schicht zuwenden. Viele Schichten auf einmal zu sehen, verwirrt oft nur und macht uns sicher nicht erfolgreicher. Das Autoritätsproblem und das erotische Problem zugleich zu betrachten, lag bei Tessi zu diesem Zeitpunkt nicht an. An ihrer Durchsetzungskraft zu arbeiten, war genug Herausforderung für sie.

Stellen Sie sich einmal vor, Sie hätten Tessis Angsttraum geträumt. Wenn Sie eine Frau sind, wird Ihnen wahrscheinlich sogleich aufgefallen sein, daß Sie in Ihrem Traum nur mit Männern konfrontiert werden. Vielleicht haben Sie in Ihrem Alltagsleben nicht den Erfolg bei Männern, den Sie sich wünschen? Ein solcher Angsttraum hilft Ihnen, sich Ihres Männerbildes bewußt zu werden. Betrachten Sie dazu, welche Typen Ihr innerer Regisseur – oder sollte ich lieber sagen: Ihre innere Regisseurin? – ausgewählt hat. Die Besetzung ist perfekt.

In Tessis Traum sind alle Männer ausgeprägte »Fieslinge«. Der Traum teilt Ihr mit, daß Sie voller Bilder von unreifen Männern ist. Die Männlichkeit dieser Männer ist verletzt und deswegen versuchen sie, ihre Schwäche mit äußerlicher Stärke zu kompensieren. Das weiß schon jeder Hobby-Psychologe: Zu stark aufgetragene männliche Stärke verweist auf männliche Schwäche. Aber warum umgibt sich die Träumerin mit solchen schwachen Männern? Freud und Jung hätten sicherlich nicht zu Unrecht vermutet, daß sie an Ihrer Weiblichkeit zweifelt und deswegen – freilich unbewußt – starke Männer meidet. Damit ist jedoch ihr Unglück tragisch vorprogrammiert: Sie gerät an Männer, die sich ihre Stärke (der Frau gegenüber) beweisen müssen. Und wenn Sie die Geschichte in Tessis Film weiter lesen, wird deutlich, daß sie sich nicht nur freiwillig in die Hände dieser Männer begibt, sie unterwirft sich auch diesen Männern. Wenn sie jedoch der Unterwerfung keine Lust abgewinnen kann, muß sie genau an dieser Stelle ihren Traum verändern. Sie muß ihre Rolle umschreiben.

Wie würden Sie an Tessis Stelle vorgehen? Malen Sie sich doch einmal aus, wie Sie vom Opfer zum Täter werden, indem Sie die Männer bedrohen. Oder wie wäre es mit einer Szene, in der Ihnen die Männer zu Füßen liegen? Haben Sie keine Angst davor, in Ihren Filmen zu übertreiben. Träume übertreiben, tun Sie es in der Umgestaltung Ihrer Träume auch! Dramatisieren Sie Ihre Sinneseindrücke hemmungslos, werden Sie sich damit neue Handlungsspielräume schaffen und dabei über Ihren Schatten springen.

Nach diesem kleinen Ausflug kommen wir zu Tessi zurück. Sie hat die Aussage Ihres Traums verstanden: »Ich traue mir oft nicht zu, mich so durchzusetzen, wie es notwendig wäre. Ich verspüre dann eine lähmende Angst. Diese Angst engt mich ein. Sie hindert mich daran, mich selbst erfolgreicher als Schauspielerin zu managen.«

Sie werden sich vielleicht darüber wundern, daß sich solch eine erfolgreiche Frau wie Tessi mit derartigen Ängsten quält. Jeder besitzt jedoch seinen eigenen Erfolgsmaßstab. Was für Sie und mich als erfolgreich erscheint, mag für die betreffende Person keineswegs wie Erfolg schmecken. Mit dem Erfolg wächst auch der Anspruch, wieviel man von ihm benötigt.

Tessi wird ihre Angst nicht los, indem sie ihr ausweicht. Mit der Angst muß man sich konfrontieren. Und Sie haben es sicher bemerkt: Sie agiert in ihrem Traum sehr mutig: Sie begibt sich in die Höhle des Löwen. Sie sucht freiwillig den Verhörraum auf, um dort zu protestieren. Das ist ein guter Ansatz.

Wie Ängste zu Erfolgen werden

Konfrontieren Sie sich mit der Angst in Ihren inneren Filmen. Schauen Sie hin, nicht weg!

Erkennen Sie, daß diese Ängste Ihnen Ihre eigenen masochistischen Tendenzen zeigen (Todestrieb).

Analysieren Sie bei jedem Angsttraum genau, was Sie konkret behindert. Dabei betrachten Sie sowohl Ihren Schatten und Ihre inneren Einstellungen, als auch Situationen und Menschen, die in der Außenwelt Ihren Weg zum Erfolg stören.

Achten Sie auf das Thema der Macht in Angstträumen.

Nachdem Sie Ihren Angsttraum verstanden haben, verändern Sie ihn solange, bis er Sie erfolgreich zeigt. Dabei ist es wichtig, daß Sie im bearbeiteten Traum den Erfolg auf Ihre ganz persönliche Weise erringen und nicht nur reaktiv das Verhalten »der Bösen« kopieren.

Die meisten Angstträume weisen neben der Dramatisierung der Fehlhaltungen auch positive Ansätze auf, die aus der Misere und ewigen Wiederholung hinausführen. Suchen Sie nach diesen Ansätzen in Angstträumen. Sie finden sich meist dort, wo Sie sich mit dem Angstmachenden konfrontieren. Es spielt keine Rolle, daß diese Konfrontation mißglückt. Das fordert Sie als Bearbeiter Ihres Drehbuchs heraus: Wandeln Sie die mißglückte in eine geglückte Konfrontation um. So unterstützt die Angst Sie, zu neuen Horizonten fortzuschreiten. Angst zu haben, ist erfolgshemmend, unkreativ und führt zu reaktionären Verhaltensweisen. Sich mit seinen Ängsten zu konfrontieren, ist erfolgsfördernd, kreativ und führt jederzeit zu einer positiven Lebenseinstellung.

Wie verwandelte Tessi ihren Traum?

Tessi, die gewohnt ist, mit Drehbüchern umzugehen, kam zu folgender Bearbeitung Ihres Traums:

Ich gehe über eine hell erleuchtete Straße voller Leben. All die vielen Passanten schauen und lachen, weil ich meinen charmanten Agenten an einer ledernen Hundeleine – von Gucci natürlich – neben mir her laufen lasse. Er trägt anmutig ein Schild in der Hand, auf dem mit Neonschrift »Tessi ist die Größte« zu lesen ist. Die Leute bilden ein Spalier und bejubeln mich. Reporter drängeln sich vor, mich zu filmen. Ich winke Ihnen huldvoll zu und gehe zum Filmstudio, wo ich die Hauptrolle des neuen Megafilms bekommen werde. Dort am weißen Marmorportal stehen der Produzent und der Regisseur im weißen und schwarzen Frack, um mich abzuholen. Wir gehen gemeinsam in das holzgetäfelte Büro des Produzenten. Mein Agent setzt sich mir zu Füßen. Ich nehme die beiden Männer mit einem Blick für mich ein. Lächelnd bringe ich meine Vertragsforderungen vor. Ich schaue dem Produzenten in seine schönen braunen Augen, weise ihn an, sofort meinen Vertrag zu unterschreiben, den Ihm mein Agent entgegenstreckt. Er muß vor mir niederknien, um zu unterschreiben. Mein Agent erhebt sich, schenkt den Champagner ein und beglückwünscht Produzent und Regisseur zu dem Glück, mich für diese Rolle gewonnen zu haben.

Tessi war mit dieser Bearbeitung ihres Angsttraums zufrieden. Sie spürte: Das ist der Film, den Sie sich regelmäßig visualisieren sollte – speziell dann, wenn sie für eine Rolle vorsprechen muß.

Wie so oft bei der Bearbeitung von Träumen war Tessi diese witzige Lösung ihres Traums nicht gleich eingefallen. Dazu war sie noch viel zu befangen in ihrer Unsicherheit. Die drückte sich in ihrer ersten Bearbeitungsidee aus. Sie ließ sich zunächst von der archaischen Devise: »Auge um Auge, Zahn um Zahn« hinreißen. Das sah dann so aus: Sie traf am Portal des Filmstudios den Produzenten und den Regisseur, die sie sogleich in Handschellen legte und von ihrem Agenten in ihr Büro abführen ließ. Dort fesselte sie beide an einen Stuhl, richtete ihre silberne Pistole mit den Worten: »Unterschreiben!« auf sie und drohte ihnen an, sie bei Nichterfüllung des Vertrags durch die Mafia umbringen zu lassen.

Als sie sich diese Bearbeitung kritisch anschaute, meinte sie, daß so etwas nur als Schmierenkomödie zu inszenieren sei. Und plötzlich wurde ihr bewußt, daß diese Lösung viel zu reaktiv war. Sie verhielt sich doch einfach wie die Männer in ihrem ursprünglichen Angsttraum und war von ihrem persönlichen Weg weit entfernt.

Es geschieht häufig bei der Bearbeitung von Angstträumen, daß die Träumerin oder der Träumer einfach die Rollen verkehren, ohne sie mit dem Eigenen auszufüllen. Wahrscheinlich ist das auch als ein erster Schritt sinnvoll: Man macht dem Angst, das einem Angst macht. Aber Sie wollen ja nicht zur Karikatur Ihrer selbst werden oder die abgelehnten Verhaltensweisen jetzt selbst übernehmen. Deswegen muß der bearbeitete Film noch einmal verändert werden: Er soll Ihre eigene Stärke in Szene setzen. Er wirkt erst richtig erfolgsfördernd, wenn Sie eine elegante Lösung finden, bei der Sie aus vollem Herzen sagen: »Genau das ist es!« Platte Lösungen, wie sie so oft in drittklassiger Literatur angeboten werden, helfen keineswegs auf dem Weg zum Erfolg – langfristig gesehen frustrieren sie eher.

Besonders beim Angst- und Alptraum wird deutlich, wie die DreamCreativity®-Methode versucht, Negatives in Positives zu verwandeln. Dennoch sollten wir uns stets vor Augen führen, daß alle wesentlichen Entscheidungen und Veränderungen im Leben mit einem Nein beginnen. Sie entscheiden: »Das will ich nicht mehr!« oder »So will ich es nicht mehr!« Der erste Schritt zum Erfolg beginnt mit einem klaren Nein: Ich will nicht mehr erfolglos sein. Ich will nicht mehr auf Sparflamme leben! Ohne dieses eindeutige Nein gibt es kein Ja. Dieses Nein drückt sich klar im Angst- und Alptraum aus. Er verneint unsere bisherige Existenz, und deswegen wird es uns bei seinen Szenen angst und bange. Aus diesem Grund liebt der Angsttraum auch die Bilder der Vernichtung. Tessi sollte in ihrem Traum getötet werden. Das bedeutet doch nichts anderes, als daß zu ihrer alten Lebensform Nein gesagt wird. Erst wenn dieses Nein nicht platt durch oberflächliches positives Denken verdrängt wird, wenn die Träumerin oder der Träumer diesem Nein ins Auge blicken kann, dann ist die Möglichkeit für ein wirksames Ja gegeben. Die Deutung des Angsttraums konfrontiert uns mit unserem Nein, die Affirmation und Bearbeitung des Angsttraums setzt diesem Nein ein produktives Ja entgegen.

Die Verwandlung von Angstträumen

Konfrontieren Sie sich mit Ihrem Schatten, Ihren negativen und hinderlichen Verhaltensweisen und Gefühlen.
Nutzen Sie den Schatten als Chance, um positive Lösungen zu finden.
Verändern Sie Ihre »Schattenfilme« solange, bis Sie mit Ihrem neuen Film vollauf zufrieden sind. Es ergibt sich meist keine erfolgsversprechende Lösung, wenn man nur die Rollen umkehrt.
Spielen Sie auch im Alltagsleben die Rolle, die Sie für Ihren neuen Film gefunden haben.
Verstehen Sie die Verneinung in Ihrem Angsttraum als ersten Schritt zu einer produktiven Veränderung. Ohne dieses Nein gibt es kein überzeugendes Ja.

Fünf Schritte, die Ihr Leben verändern

Im Folgenden möchte ich Ihnen fünf Schritte vorschlagen, mit denen Sie negative Angstträume in positive Filme verwandeln, die dazu noch Ihren Erfolg fördern. Nehmen Sie die Angst als Chance! Schauen Sie Ihren negativen Tendenzen ins Auge, um sich aus ganzem Herzen für das Positive entscheiden zu können.

137

Das Fünf-Schritte-Programm der DreamCreativity®-Methode, um Angst- und Alpträume in Erfolg zu wandeln:

1. Schritt:
Die Erkenntnis dessen, was Sie behindert, erfolgreich zu sein, ist der erste und wichtigste Schritt auf den ersehnten Erfolg hin.
Erkennen Sie Ihre Angst im Traum. Schauen Sie ihr mutig ins Auge, statt sie feige zu verdrängen. Bei der Deutung sollten konkrete Ängste im Detail bewußt gemacht werden. Assoziieren Sie so frei wie möglich – am besten ohne sich zu bewerten und Ängste und Hemmnisse zu verleugnen. Meiden Sie Verharmlosungen! Je offener Sie dem Negativen ins Auge blicken, desto leichter fällt es Ihnen, nach der Deutung eine positive Haltung einzunehmen. Effektive positive Haltungen entstehen aus der bewertungsfreien Erkenntnis des Negativen.

2. Schritt:
Beziehen Sie die Ängste und Hemmungen aus Ihrem Traum auf Ihr Alltagsleben. Achten Sie in den Tagen nach einem Angsttraum darauf, wo dieses Gefühl und wo diese Hemmungen in Ihrem Alltagsleben auftreten (Selbstbeobachtung und Gewahrsamkeit).

3. Schritt:
Betrachten Sie Ihren Angsttraum als Produktionsgrundlage. Verändern Sie ihn, indem Sie ihn in einen Film mit Happy End verwandeln. Vielleicht gefällt es Ihnen auch, ihn zum Lustspiel werden zu lassen. Auf jeden Fall: **Gestalten Sie Ihre Rolle im Traum neu. Statt zum Opfer, werden Sie zum Täter.** Beschäftigen Sie sich so lange mit dem neuen Drehbuch (auch wenn es Tage oder gar Wochen dauert), bis es Ihnen entspricht und Ihr Bestes und Ihr Potential voll zur Geltung bringt. Sie dürfen dabei ruhig etwas übertreiben. Weichen Sie allerdings zu radikal von der Realität ab, vermindern Sie damit die Wirkung Ihres neuen Films.

4. Schritt:
Der verwandelte Traum ist die Generalprobe fürs Leben!
Spielen Sie in Ihrem Leben die Mutige oder die Kühne. Wie im Theater müssen Sie vorher proben, worin Sie Meisterschaft erreichen möchten. Setzen Sie die Haltung in Ihrem Alltagsleben um, die

Sie in Ihrem bearbeiteten Traum einnehmen. Lassen Sie sich durch Ihren veränderten Film zu neuartigen Verhaltensweisen anregen, die Sie sogleich zu Hause und am Arbeitsplatz umsetzen – daß Sie dabei hinter der Kühnheit Ihres Traum zurückbleiben, ist selbstverständlich. Innere Filme sollen inspirieren, aber keineswegs »eins zu eins« umgesetzt werden – das wäre zu unangepaßt und wirkt somit erfolgsmindernd.

5. Schritt:
Verändern Sie Ihr Film-Skript fortlaufend gemäß der Erfahrungen und Einsichten, die Sie bei seiner Umsetzung machen. Werden Sie selbst zu der Energie, die Sie anziehen möchten. Für jede positive Änderung, die Sie bemerken, belohnen Sie sich direkt. Daß Sie sich erfolgreich ändern, merken Sie daran,
• dass Sie das Gefühl haben, das Schicksal sei Ihnen wohlgesonnen,
• dass Ihnen Ihre Arbeit leichter fällt,
• dass Ihre persönlichen Kontakte befriedigender werden,
• dass Ihr »Styling« und Selbstverständnis sich ändert.

In »Tausendundeine Nacht« heißt es: »Die Wahrheit liegt nicht in einem Traum. Sie liegt in vielen.«

Der Angsttraum bei Kindern

Ihr Kind wacht weinend und schreiend mitten in der Nacht auf. Es kommt in Ihr Schlafzimmer gestürzt. Was tun?
Kinder haben meistens mehr Ängste als Erwachsene. Sie werden deswegen häufiger von Angstträumen heimgesucht als Sie. Angstträume stellen für Kinder wie die Kinderkrankheiten einen wesentlichen Entwicklungsschritt dar. Deswegen sind auch Märchen oft so grausam, weil Kinder sich fehlentwickeln, wenn sie sich nicht mit ihrem Schatten und dem Bösen in der Welt konfrontieren. Eine erfolgreiche Entwicklung bleibt aus, wenn die kindliche Psyche von allem Beängstigenden fern gehalten wird. Wie aber können Sie Ihrem Kind sinnvoll helfen, das aus solch einem Traum aufwacht?
Stellen Sie sich vor, Sie selbst hätten diesen Angsttraum gehabt. Sie würden sich an das zuvor beschriebene Fünf-Schritte-Programm halten oder sich in ähnlicher Weise Ihren Traum verdeutlichen. Bei angsttraumgeplagten Kindern können Sie in entsprechender Weise vorgehen.

Die Angst im Kindertraum

Angst ist im Kindertraum normal. Die Welt der Erwachsenen und der eigenen Gefühle ist so übermächtig und undurchschaubar, daß sie Ängste geradezu herausfordert.
Die Auseinandersetzung mit diesen Ängsten in Traum und Phantasie ist unbedingt notwendig zur Entwicklung der kindlichen Psyche.
Das Kind konfrontiert sich mit diesen Ängsten im Spiel.
Das Kind überwindet diese Ängste spielerisch, indem es Heldin oder Held spielt.
Die Verankerung der neuen Verhaltensweise und Gefühlseinstellung geschieht am besten durch Malen.
Es ist völlig falsch, das Kind durch Floskeln wie »Träume sind Schäume« beruhigen zu wollen. Die Angst, die das Kind bedrängt, möchte angeschaut werden. Geschieht das nicht, kehrt sie als weiterer Angsttraum zurück.

Noch in der Nacht beruhigen Sie Ihr Kind mit körperlicher Zuwendung und geben am besten keinen Kommentar zu dem Angsttraum. Vielleicht erzählt Ihr Kind einen Traumfetzen. Sie können ihm dann sagen, daß es im Traum viele Wesen und Unwesen gibt, die uns aber nicht wirklich schaden können. Kinder schlafen dann meistens wieder ein.

Am nächsten Tag regen Sie Ihr Kind dazu an, seine inneren Filme – ob Angstträume oder beängstigende Phantasien – im Spiel zu verändern. Nachdem es die beängstigende Situation mit Puppen oder anderem Spielzeug dargestellt hat, fordern Sie Ihr Kind auf, nun in die Rolle der kleinen Heldin oder des kleinen Helden zu schlüpfen. Sie können leicht ein Spiel daraus machen, immer wieder neue Wege zu finden, mit denen Ihr Kind seine Ängste überwindet. Im Märchen wird diese Angstüberwindung durch den so beliebten Drachenkampf symbolisiert. Hat es nun seine Form des »Heldentums« gefunden und macht ihm sein Verhalten Spaß, sollte es zur Verankerung die neue Situation malen. Was für Erwachsene die mehr abstrakte Visualisierung und Affirmation ist, das ist für Kinder das Malen. Wird dieses Bild gerahmt und aufgehängt, wird Ihr Kind stets an seine Form der Angstüberwindung erinnert. Es wird stolz auf seine eigene erfolgreiche Entwicklung sein.

Wie Sie das Fünf-Schritte-Programm der DreamCreativity®-Methode für Kinder anwenden:

1. Schritt:

Im Spiel erkennt das Kind seine Angst, die im Traum hochstieg.
Die Eltern sollten darauf achten, daß sich ihr Kind gleich am nächsten Tag mit dieser Angst auseinandersetzt, anstatt sie zu verdrängen. Spiele mit Puppen, dem Kasperle-Theater oder auch Malen stellen kindgerechte Möglichkeiten dar, die Ängste des Traums zu erfassen.

Verbale Auseinandersetzungen mit einem Angsttraum sind für Kinder eher ungeeignet, es sei denn, Ihr Kind möchte Ihnen seinen Traum erzählen.

2. Schritt:

Durch das Spiel oder in selteneren Fällen durch die Erzählung erkennen Kinder das Böse oder Negative in ihren Träumen, das sich häufig durch verschlingende oder verfolgende Monster in Szene setzt. **Das Kind soll klar ausdrücken können, was das Böse ist, von dem es bedrängt wird.**

Die Erkenntnis dessen, was Sie behindert, erfolgreich zu sein, ist der erste und wichtigste Schritt auf den ersehnten Erfolg hin.

Erkennen Sie Ihre Angst im Traum. Schauen Sie ihr mutig ins Auge, statt sie feige zu verdrängen. Bei der Deutung sollten konkrete Ängste im Detail bewußt gemacht werden. Assoziieren Sie so frei wie möglich – am besten ohne sich zu bewerten. Die »*overprotective mother*« (die überfürsorgliche Mutter) spielt hier eine wichtige Rolle. Kinder haben verständlicherweise solche Angstträume, da sie sowohl ihre Mutter lieben, sie aber auch zugleich hassen, da sie von ihr eingeschränkt werden. Zur erfolgreichen Persönlichkeitsentwicklung ist es notwendig, diese Ambivalenz ertragen zu können. Die Mutter fühlt sich jedoch – bewußt oder unbewußt – durch diese Ambivalenz angegriffen und muß genau darauf achten, daß sie nicht die notwendigen aggressiven Tendenzen gegen sie unterdrückt.[26] Die Mutter beziehungsweise jeder Erwachsene, der mit dem Kind dessen Traum betrachtet, muß verstehen, daß Liebe und Aggression zusammengehören wie die beiden Seite einer Münze – das eine fordert das andere heraus.

Das Kind wird diese Aggression freilich nicht verbal, sondern eher symbolisch in seinem Spiel ausdrücken. Deswegen sind Hexen, Stief mütter, Krokodile, Drachen und böse Frauen so beliebt im Kinder spiel.

3. Schritt:

Bei der Umsetzung der Traumlehre ins Alltagsleben sind Sie ebenfalls als Erwachsener gefordert. Sie müssen nämlich den Traum genauso gut verstehen wie Ihr Kind – nur eben auf einer anderen Ebene. Ihnen muß klar sein, wo Sie Ihr Kind durch unangemessene Anforderungen zu sehr bedrängen und diese reduzieren. Ein besonderes Einfühlungsvermögen wird von Ihnen verlangt – auch ein gewisses Zurücktreten von Ihrem eigenen Selbstverständnis und Ihren Überzeugungen und Ansichten. **Im Idealfall werden Sie in dieser Phase gemeinsam mit Ihrem Kind lernen.**

4. Schritt:

Wie beim Angsttraum des Erwachsenen nehmen Sie nun den Angsttraum Ihres Kindes als Produktionsgrundlage. Leiten Sie Ihr Kind dazu an, seinen Traum zu verändern. Das fällt Kindern oft leichter als Erwachsenen, da sie noch von überschäumender Phantasie beseelt sind. Wie beim Erwachsenen geht es auch hier darum, ein Happy End zu finden, bei dem Ihr Kind als Täter statt als Opfer dasteht. Das ist die Phase bei »Hänsel und Gretel«, wenn die Hexe in den Ofen gesteckt und verbrannt wird. **Wie in diesem Märchen wird Ihr Kind sich oftmals als erstaunlich grausamer Held oder grausame Heldin in Szene setzen. Erschrecken Sie nicht: Das ist notwendig und entspricht der kindlichen Entwicklung. In Ihren inneren Filmen übertreiben Sie ja auch.** Diese Lösung des Traumkonfliktes sollte gemalt werden, so daß das Kind eine Erinnerungsstütze für seine Kraft bekommt. Diese Reinigung von der Angst kann auch dadurch unterstützt werden, daß Sie Ihrem Kind Märchen vorlesen, in denen Kinder sich erfolgreich gegen das Böse wehren.

5. Schritt:

Im letzten Schritt der Angsttraumbearbeitung fordern Sie Ihr Kind auf, auch im Alltagsleben mehr den Mutigen und Kühnen zu spielen. Belohnen Sie Ihr Kind für dessen Durchsetzungskraft – auch wenn diese nicht gerade Ihr Leben erleichtert. Der letzte Schritt der Traumbearbeitung sollte – wie beim Erwachsenen – davon geprägt sein, in gesellschaftlich akzeptierter Weise seine Stärke zu leben.

Übrigens: Auch Erwachsene können auf vergleichbare Weise mit ihren Angstträumen und irritierenden Gefühlen vorgehen. Wenn Sie jedoch nicht gerade Teilnehmer einer Psychodramagruppe sind, werden Sie sich nur schwerlich die Zeit abknapsen, um Ihre Träume zu spielen. Und wahrscheinlich haben Sie auch nicht mehr so viel Spielsachen, mit denen Sie Ihre Schattenseiten und deren Überwindung spielen könnten. Aber auch Sie können Ihre Träume malen oder mit Fingerpuppen auf Ihrer rechten und linken Hand Ihr aggressives Heldentum ausagieren.

Wenn Sie mit Ihren Kindern auf diese Weise mit deren Angstträumen umgehen, helfen Sie ihnen, sich erfolgreich zu entwickeln – und zwar nicht nur in bezug auf ihre innere, sondern auch auf ihre äußere Entwicklung. Dieses Vorgehen setzt einen gewissen Aufwand voraus, aber dieser scheint sich bezahlt zu machen. Er wird sich nicht nur für Ihr Kind, sondern auch für Sie lohnen, denn die Auseinandersetzung mit dem kindlichen Angsttraum provoziert unweigerlich die Auseinandersetzung mit Ihren eigenen Ängsten.

Durch diese Arbeit mit den Angstträumen der Kinder wird das weitere Auftreten von beängstigenden Träumen reduziert.

---

15 Syd Field: The Screenwriter's Workbook, New York 1984 (dtsch.: Das Handbuch zum Drehbuch, Frankfurt/Main 1991).

16 Rot ist ein archetypisches Symbol für die Gefühlswelt des Menschen. Im Dunkelrot ist diese Symbolik noch verstärkt.

17 Carl Gustav Jung, Wilhelm Reich und Georges I. Gurdjieff stimmten darin überein, dass die meisten Menschen sich dadurch am Erfolg hindern, dass sie sich viel zu sehr mit ihrer Persönlichkeit identifizieren, die weitgehend ein Massenprodukt gesellschaftlicher Konditionierung ist. Dass wir uns derart konditionieren lassen, ist ein Ergebnis dessen, dass wir zunehmend weniger unsere Intelligenz gebrauchen. Die Informationsfülle führt für Viele dazu, Sinn und Bedeutung einer Information nicht mehr wahrzunehmen und kritisch zu bewerten.

18 Vgl. dazu genauer: Klausbernd Vollmar: Sprungbrett zur Kreativität. München 2000.

19 Vgl. dazu genauer: Klausbernd Vollmar: Reise in das Land der Träume. Schlüssel zur inneren Bilderwelt. München 1999, S. 141f.

20 Vgl. hierzu Klausbernd Vollmar: Traumhafte Lösungen. München 1999

21 Sigmund Freud: Der Traum von Irmas Injektion. Fußnote 3. Dieser Traum war Freuds Schlüsseltraum. Er stand am Anfang der wissenschaftlichen Traumdeutung und war der erste Traum, den Freud einer eingehenden, systematischen Deutung unterzog.

22 Vgl. dazu genauer: I. Matte-Blanco: The Unconscious as Infinite Sets. An Essay in Bi-Logic, Duckworth & Co., London 1975. Eine deutsche Zusammenfassung Hermann Beland: Im Acheron baden. In: Kursbuch 138, Träume, Reinbek 1999, S. 49-71

23 Für Anregung zur Traumerinnerung siehe: Klausbernd Vollmar: Das Arbeitsbuch zur Traumdeutung. München 1998 und Klausbernd Vollmar/Johannes Fiebig: Traum und Traumdeutung – erleben und verstehen. Königsfurt 1999.

24 Doris Dörrie: Ich habe einen Traum. In: Die Zeit, Nr. 3, Hamburg 13.1.2000, S. 16.

25 Vgl. genauer zu kreativen Teams: Klausbernd Vollmar: Sprungbrett zur Kreativität. Verwirklichen Sie Ihren Lebenstraum. München 2000.

26 Die Romantiker, trotz ihres ausgeprägten Interesses an der menschlichen Psyche, lehnten die kindliche Aggression gegen die Mutter (und umgekehrt: die mütterliche Aggression gegen das Kind) radikal ab. Die Mutter aus der Märchenüberlieferung wurde bei Jacob und Wilhelm Grimm zur bösen Stiefmutter oder Hexe, gegen die freilich die Aggressionen der Kinder gerechtfertigt waren.

EINIGE WORTE ZUM SCHLUSS

Der Traum ist das Piratenschiff
auf dem Meer des Erfolgs.

Graffiti, Los Angeles

Das Handwerkzeug liegt Ihnen jetzt vollständig vor. Sie wissen, wie Sie Ihre Träume einsetzen können, um herauszufinden, was Sie wirklich schätzen im Leben und wie Sie das auch erreichen können. Sie wissen, wie Sie Ihre Begrenzungen überschreiten können, um ein erfolgreicheres Leben zu führen und damit die Erfüllung finden, die Sie sich wünschen. Ein Problem habe ich Ihnen jedoch verschwiegen: Es ist das der Trägheit, die uns hindert, diese Methoden auch anzuwenden.

Mulla Nasruddin, der weise Narr des Nahen Ostens, stand auf einer Kiste inmitten des Marktplatzes und rief in die Volksmenge: »Leute, herhören! Wollt ihr bequem und problemlos Weisheit erwerben, wollt ihr die Wahrheit ohne Falschheit, wollt ihr Erfolg ohne jegliche Anstrengung, wollt ihr ein Fortkommen ganz ohne Opfer?« Alle riefen begeistert wie aus einem Mund: »Ja, ja, Mulla, das wollen wir!« »Sehr gut«, sagte Nasruddin, »das wollte ich nur wissen. Ihr könnt euch darauf verlassen, daß ich euch gleich Bescheid gebe, wenn mir so etwas über den Weg läuft.«

Sind wir nicht alle wie das Volk in dieser Anekdote? Ich merke es ja selbst: In Zeiten, in denen ich mehr Erfolg – meist äußeren – gut gebrauchen könnte, bin ich oft zu träge, nach der DreamCreativity®-Methode zu arbeiten – obwohl, wie ich selbst viele Male erfahren habe, der Aufwand gar nicht so groß ist. Ich muß mich bisweilen zwingen, meine eigene Methode anzuwenden, obwohl ich weiß, daß sie mir gut tut. Auch ich möchte am liebsten Erfolg – am besten ganz ohne Anstrengung. Natürlich mußte ich dieser meiner Schwäche auf den Grund gehen. Dabei fiel mir auf, daß Menschen, die den Erfolg anziehen, solche Methoden wie selbstverständlich in ihr Alltagsleben integriert haben. Sie warten nicht darauf, daß der

Erfolg ihnen in den Schoß fällt. Und ich kann es selbst bei mir bemerken: Wenn ich mich aufraffe, regelmäßig auf diese Weise mit meinen inneren Filmen zu arbeiten, dann wird mein Leben erfolgreicher, befriedigender und erfüllter. Wahrscheinlich liegt eine der wichtigen Lehren der DreamCreativity®-Methode darin, daß man sich ständig gegen die eigene Trägheit durchsetzen muß. Sie werden es vermuten, unser närrischer Mulla fand nie den Erfolg ohne Anstrengung, nie ein Fortkommen ohne Opfer. Sie werden das leider auch nicht finden, da bin ich mir sicher.

Nach Freud wohnt in uns allen dieser hinderliche Todestrieb, gegen den wir ankämpfen müssen. Leben ist ein permanenter Kampf – aber wir haben von Kindesbeinen an zu selten vermittelt bekommen, daß dieser Kampf auch Spaß macht. Daß wir bei diesem Kampf uns selbst besser kennenlernen, uns selbst verwirklichen und daß er uns mit unserer inneren Weisheit verbindet, das ist uns meistens verschwiegen worden. Warum eigentlich?

Bei uns zu Hause hieß es immer »man muß seinen inneren Schweinehund überwinden«. Das wurde allerdings mit solch einem moralischen Pathos vorgetragen, daß ich mich nicht sonderlich angesprochen fühlte. Heute, etwa vierzig Jahre später, weiß ich, daß ich immer wieder den Kampf gegen meine Trägheit aufnehmen muß, um mit meinem inneren Regisseur Kontakt aufzunehmen – denn der liebt nicht diejenigen, die schlaff vor sich hin dämmern. Er hat sich dem Kampf gegen den Schlaf verschrieben. Er will, daß ich mich um meinen inneren und äußeren Erfolg bemühe und nicht in Sterntaler-Phantasien abdrifte.

Innere Weisheit

In uns allen gibt es »etwas«, das über alles Bescheid weiß. Wenn wir uns bemühen, können wir uns mit dieser inneren Weisheit unterhalten. Sie hat die Hoffnung, verstanden zu werden und spricht Sie deswegen mit inneren Filmen an. Vertrauen Sie diesem allwissenden Teil in sich. Er möchte alles zum Besten kehren und freut sich, wenn Sie erfolgreich sind. Er ist Ihr bester Freund, Ihre beste Freundin.

Ich nenne diese allwissende, gütige Instanz in uns den »inneren Regisseur«. Sie ist Regisseur und Berater zugleich, produziert Lehrfilme für uns und gibt allnächtlich kostenloses Coaching. Dieser weise Berater und Regisseur hat den Überblick, den Sie bewußt nicht besitzen. Trotzdem überhören Sie oft seine Stimme, übersehen seine Filme, vergessen seine Tips. Wenn wir innerlich und äußerlich erfolgreich werden wollen, können wir uns das nicht leisten. Bemühen wir uns nicht um den Kontakt zu unserem inneren Regisseur, wird unser Leben oft frustrierend sein. Was wir aus Bequemlichkeit vermeiden, wird uns alle Bequemlichkeit rauben.

Platte Vorstellungen helfen ja manchmal. Also eine Fiktion: Sie funktionieren wie ein Computer. Alles, was Sie gesehen, gehört und gelernt haben, wird auf Ihrer inneren Festplatte enormer Kapazität abgespeichert. Alte und wenig benutzte Daten, Informationen, die nicht in Ihre bewußten Konzepte passen, werden so abgespeichert, daß Sie Ihnen auf Ihrer Benutzeroberfläche nicht mehr zugänglich sind. Sie liegen eine Ebene tiefer. Der wichtigste und einfachste Zugang zu dieser Ebene wird automatisch jede Nacht durch das Programm »Traum« bereitgestellt – ein Programm, das oft im Hintergrund abläuft. Am Tag hilft uns das Programm »Tagtraum«, um einen kurzen Einblick in diese Informationsfülle zu bekommen. Das Programm »Traum« – ob als Tag- oder Nachttraum – besitzt den Zugriff zu allen Ihren Informationen. Aber nicht nur das! Es besitzt durch einen Internetzugang dazu noch den Zugriff zu allen Informationen, welche die Menschheit in ihrer Geschichte verarbeitet hat. Mit Ihrem Traumprogramm arbeitet nun der innere Regisseur, der sich Bildsequenzen herunterlädt, um digitale Lehrfilme exklusiv für Sie zu produzieren. Er schaut immer wieder auf die Benutzeroberfläche, um sich Ideen für aktuelle Filmthemen zu holen. – Sie verstehen, Ihrem Regisseur stehen alle in Bilder gespeicherten Informationen zur Verfügung – und er spielt natürlich Gott.

So ein göttlicher User besitzt freilich den Überblick über Ihr Leben. Er macht nicht jede Torheit mit, die Sie sich auf Ihrer Benutzeroberfläche einfallen lassen. Aber auch Sie können ihn durch bewußt eingegebene Daten zu Filmideen anregen, die wiederum die Daten auf Ihrer Benutzeroberfläche – Ihrem Bewußtsein – verändern. Wenn Sie jedoch Ihren Regisseur beauftragen, nur für Ihre Erfolge zu arbeiten, wird er kündigen, und Sie stehen ohne Zugang zu Ihren wertvollsten Informationen da. Weisen Sie ihn allerdings an, auch für Ihre Erfolge zu arbeiten, indem Sie ihm Ihre Filmideen zuspielen. Er wird Ihnen tiefsinnige Lehrfilme vorführen und hofft auf Ihr Verständnis. Wenn er gar merkt, daß Sie die Essenz seiner Filme nicht nur verstanden haben, sondern auch umzusetzen suchen, wird ihn das zu weiteren Filmen motivieren, die Sie weise zum inneren und äußeren Erfolg führen. Aus seinem Überblick heraus kann er Sie warnen und inspirieren – aber er ist eitel wie alle Filmleute, er hilft Ihnen nur, wenn Sie sich um ihn bemühen.

Träumen als Leistungssport?

Jetzt haben wir die ganze Zeit darüber nachgedacht, wie wir unsere Träume und Phantasien am besten (aus)nutzen, um erfolgreicher zu werden. Aber ist das nicht eine atemberaubend einseitige Sicht auf unsere inneren Filme? Ich warnte Sie ja schon: Ihr innerer Regisseur ist ein Freigeist, er kann solche Einseitigkeiten auf Dauer nicht ertragen. Filmleute brauchen ihre Freiheit.

Sie dürfen sich auch einfach so – ohne Zweck und Ziel – an Ihren inneren Filmen erfreuen. Lassen Sie sich nicht durch den Erfolg blenden! Die Träume einzig als Leistungsmotoren zu sehen, wird Sie nicht glücklich machen. Wer nur träumt, um dem anderen auf die Zehen zu treten, selbst aber vor allen Verletzungen geschützt sein möchte, der wird zumindest auf der Ebene des inneren Erfolgs kläglich scheitern. Sein innerer Regisseur wird streiken, und so werden unverzichtbare Inspirationen ausbleiben. Sein Lebenstraum wird welken, wie ein Pflanze ohne Wasser.

Sie können durch Ihre inneren Filme Ihre Wünsche besser verstehen. Ihre Träume werden Ihnen helfen, herauszufinden, was Sie wirklich wollen. Sie werden Ihnen sogar wie die gute Fee Ihre Wünsche erfüllen. Aber die gute Fee kommt nicht jeden Tag einmal kurz zur Wunscherfüllung vorbei – das wäre wahrscheinlich unerträglich. Und genauso unerträglich wäre es, jeden inneren Film als Leiter zum Erfolg zu mißbrauchen. In gewissen Phasen Ihres Lebens, in denen Sie um den Erfolg ringen, ist die Nutzung des Traums, um erfolgreicher zu werden, sinnvoll. Sich jedoch alltäglich erfolgreicher und immer noch erfolgreicher träumen zu wollen, ist eher neurotisierend. Ihre inneren Filme werden sich Ihnen verweigern: Sie werden auf die Dauer keine Träume mehr erinnern. Ihr übertriebenes Erfolgsstreben wird boykottiert.

Kurzum: Leisten Sie sich den Luxus, auch einfach nur aus Spaß zu träumen. Perioden der hier geschilderten Traumarbeit sollten sich immer wieder mit Perioden der naiven Freude an den eigenen Filmen abwechseln. Der Traum ist keine eindimensionale Wunscherfüllungsmaschine! Er gleicht vielmehr einem vieldimensionalen Bilderrätsel, das uns alle möglichen Informationen bieten kann. Dazu liefert er uns noch kreative Einfälle und allnächtliche Unterhaltung – weitaus besser als jedes Fernsehprogramm.

Tiefenpsychologen wie Freud und Jung waren weitgehend nur am inneren Erfolg des Träumers interessiert. Die DreamCreativity®-Methode bezieht auch den äußeren Erfolg mit ein. Dennoch wäre es naiv, anzunehmen, daß jeder Wunsch erträumbar ist. Freilich sind meist viel mehr Wünsche erfüllbar, als es uns bewußt ist – aber es gibt zweifelsohne auch unerfüllbare Wünsche. Sich diese Wünsche zu versagen, ist ein Zeichen innerer Reife. Den Wunsch nach Erfolg können Sie sich zwar nicht ohne negative Folgen versagen, aber die Erfüllung eines jeden Wunsches würde uns in einen unaushaltbaren Konsumerismus entgleiten lassen. Die postmoderne Werbung hat für sich die Begriffe wie »Traum« und »traumhaft« entdeckt. Sie möchte uns verführen, zu traumhaften Konsumenten zu werden, deren Wünsche sich ins Unermeßliche ausweiten. Der innere und äußere Erfolg des so Wünschenden wird sich auf diese Weise sicher nicht einstellen. Er wird sich eher verschulden und zutiefst unzufrieden werden.

Also, betrachten Sie das Träumen nicht als Leistungssport! Träumen sollte nicht zur olympischen Disziplin verkommen, bei der Punkte für Erfolg vergeben werden. Die DreamCreativity®-Methode ist nicht »erfolgsgeil«, sondern hilft uns, in sinnvoller Weise und mit Spaß unser Leben erfolgreicher zu gestalten. Sie schafft den »direkten Draht« zu unserem inneren Regisseur, der uns als Weiser vor Torheiten schützt. Als es noch intakte Großfamilien gab, übernahm der Großvater oder die Großmutter diese Aufgabe. Die beiden sind jedoch meistens aus unserem Blickwinkel verschwunden, und so müssen wir uns selbst um einen weisen Lehrer bemühen. In Zeiten der fortschreitenden Vereinzelung sind wir da ganz allein auf uns gestellt. Aber das ist kein Grund, zu lamentieren. Diese Situation zwingt uns, unsere eigene Weisheit zu suchen, die uns, wie einst die Großeltern, davor bewahrt, jeder Verführung der äußeren Welt unkritisch zu erliegen, uns in jede gesellschaftlich angepriesene Torheit zu verrennen.

Das Gift der Sicherheit

Meine ketzerischen Schlußbemerkungen haben Sie verunsichert? Gut so! Wer sich zu sicher fühlt, träumt sich nicht erfolgreich. Ihn sucht eher der Alptraum und die Erstarrung heim.

Verachten Sie Ihre Unsicherheit nicht. Sie ist menschlich. Paradoxerweise steht sie am Anfang des Erfolgs.

Aber haben Sie dennoch keine Angst: Die DreamCreativity®-Methode wird Ihre Sicherheit erhöhen – im Umgang mit sich selbst und in Ihrem öffentlichen Auftreten. Aber es gibt auch eine hemmende Sicherheit. Das ist die einlullende Sicherheit. Mit Ignoranz und unreflektiert meint man, seinen Weg zum Erfolg gefunden zu haben. Man wird blind für die Veränderungen in seiner Umwelt, erstarrt innerlich und wird unzufrieden oder erschreckend überheblich.

Sie werden bemerken: Wenn Sie die DreamCreativity®-Methode eine Zeit lang anwenden, wird auch sie sich ändern. Sie werden sie Ihren Bedürfnissen und Vorlieben anpassen. Sie wird zu Ihrer persönlichen Methode, die sich mit Ihnen wandelt. Eine Methode ist eine Methode und nicht mehr und nicht weniger. Nur schlechte und wenig praktische Methoden sind Dogmen. Hilfreiche Methoden sind lebendig. Sie sind – um auf die Computer-Metapher noch einmal zurückzugreifen – wie Programme, die ständig den sich verändernden Nutzergewohnheiten angepaßt werden.

Ich hoffe, Ihnen mit der DreamCreativity®-Methode ein Werkzeug in die Hand gelegt zu haben, mit dem Sie erfolgreicher, glücklicher und lebendiger werden. Nun können Sie es anwenden, verändern und sich an dieser Methode erfreuen.

Ich wünsche Ihnen viel Erfolg!

LITERATUR

Es sind viele Bücher und Artikel zum Thema Erfolg und über die Arbeit mit Träumen geschrieben worden. Ich habe nur diejenigen in dieser Literaturliste angeführt, die mir weitergeholfen haben und die mir lesenswert erscheinen.

Alberto Alessi: Ich habe einen Traum. In: Die Zeit, Nr. 47, Hamburg 18.11.1999, S. 20

Lou Andreas-Salomé: Friedrich Nietzsche in seinen Werken. Insel Verlag, Frankfurt/Main 1983

Lou Andreas-Salomé: Fenitschka – eine Ausschweifung. Ullstein Verlag, Frankfurt/Main 1982

Lou Andreas-Salomé: Die Erotik. In: Martin Buber (Hg.): Die Gesellschaft. Frankfurt/Main 1910

Lou Andreas-Salomé: Mein Dank an Freud. Verlag Traute Hensch, Freiburg/Breisgau 1990

F. Diane Barth: Tagträumen. Der Schlüssel zur kreativen Energie. dtv, München 1999

Till Bastian: Der Traum von der Deutung. Einhundert Jahre Psychoanalyse zwischen Via regia und Holzweg. Verlag Vandenhoeck & Ruprecht, Göttingen 1999

Brigitte Boothe (Hg.): Verlangen, Begehren, Wünsche. Einstieg ins aktive Schaffen oder in die Lethargie. Verlag Vandenhoeck & Ruprecht, Göttingen 1999

Birgit Breuel: Ich habe einen Traum. In: Die Zeit, Nr. 49, Hamburg 2.12.1999, S. 20

Peter Brook: Zeitfäden. S. Fischer Verlag, Frankfurt/Main 2000

Roswitha Edinger: Träume – Seelenbotschaften und Zukunftsvisionen. Goldmann Verlag, München 1999

Heinrich Desermo (Hg.): Das Jahrhundert der Traumdeutung. Perspektiven psychoanalytischer Traumdeutung. Klett-Cotta Verlag, Stuttgart 1999

Doris Dörrie: Ich habe einen Traum. In: Die Zeit, Nr. 3, Hamburg 13.1.2000, S. 16

Gerhard Gamm: Die Macht der Metapher. Metzler Verlag, 1992

Glenn T. Koppel: Wochenendlektüre: Träume und Traumdeutung. Verlag Vandenhoeck & Ruprecht, Göttingen 1994

David Lynch: Ich habe einen Traum. In: Die Zeit, Nr. 50, Hamburg 9.12. 1999, S. 20

Kursbuch 138, Träume. Rowohlt Verlag, Reinbek 1999
Bruno Martin: Auf einem Raumschiff mit Gurdjieff durch die Welten des Bewußtseins. Edition Nada, Bad Bevesen 2000
Johanna Miller: Ein Kurs in Träumen. Nymphenburger Verlag, München 1999
Jacob Needlemann: Geld oder der Sinn des Lebens. Suhrkamp Verlag, Frankfurt/Main 1995
Friedrich Nietzsche: Also sprach Zarathustra. Kröner Verlag, Stuttgart 1988
Pipilotti Rist: Ich habe einen Traum. In: Die Zeit, Nr. 4, Hamburg 20.1.2000, S. 16
Alphons Silbermann: Verwandlungen – eine Autobiographie. Bastei-Lübbe Verlag, Bergisch Gladbach 1999
Klausbernd Vollmar: Traumhafte Lösungen. H. Hugendubel Verlag, München 1999
Klausbernd Vollmar: Reise in das Land der Träume. Schlüssel zur inneren Bilderwelt. H. Hugendubel Verlag, München 1999
Klausbernd Vollmar: Träume erinnern und richtig deuten. Gräfe und Unzer Verlag, München 1999
Klausbernd Vollmar: Sprungbrett zur Kreativität. Verwirklichen Sie Ihren Lebenstraum. Integral Verlag, München 2000
Klausbernd Vollmar, Johannes Fiebig: Traum und Traumdeutung – erleben und verstehen. Königsfurt Verlag, Krummwisch 1999

NÜTZLICHE ADRESSEN

Klausbernd Vollmar, Dipl. Psych.
Rhu-Sila
Cley-next-the-Sea, Holt
Norfolk NR25 7DU
0041 1263 740304
kbvollmar@aol.com
Traumberatung per Telefon und E-Mail, Seminare und Ferienkurse, Aus- und Fortbildung (alles in deutscher Sprache). Spezialgebiet: Potentialentwicklung und Kreativität, Problemlösung mit Träumen.

Heidemarie Eibl, Traumbüro München
Trappentreustr. 36
80339 München
089 5004461
Traumberatung per Telefon, regelmäßige Gruppen in München.
Spezialgebiet: Die Verbindung von Traumarbeit mit Astrologie und
Homöopathie.

Josette Camenisch, Traumgruppe Schweiz
Wiesenthalerstr. 29
CH-7000 Chur
081 3531704
telefonische Traumberatung

Christina Volpi, Traumbüro Italien/Ufficio dei sogni
Vicolo Antiche Mura
I-58017 Pitigliano (Grosseto)
0039 564 615565
c-volpi@libero.it
Traumberatung in deutscher und italienischer Sprache, Traumkurse
und Workshops. Spezialgebiet: Bachblüten und Traum

Pater Ludwig Zink, Haus Gutenberg
Haus Gutenberg
FL-9496 Balzers
0041 75 3881133
gutenberg@gutenberg.li
Regelmäßige Traumgruppen und Traumseminare, Fort- und Weiter-
bildung zum Thema Traum

Tarot & Traum-Zeitung
Königsfurt Verlag
24796 Krummwisch
04334 182819
tarot-traum-zeitung@t-online.de
Artikel und Rezensionen von Büchern zum Thema Traum

Bücher von Klausbernd Vollmar, die in Deutschland zu Zeit lieferbar sind:

Thema Träume
- Handbuch der Traumsymbole (Königsfurt Verlag)
- Das kleine Buch der Traumsymbole (Königsfurt Verlag)
- Ratgeber Traum (Königsfurt Verlag)
- Traum und Traumdeutung verstehen und erleben (Königsfurt Verlag, zusammen mit J. Fiebig)
- Träume - erinnern und richtig deuten (Gräfe & Unzer Verlag)
- Das Arbeitsbuch zur Traumdeutung (Hugendubel, IRIS/Königsfurt)
- Reise in das Land der Träume (Hugendubel, IRIS/Königsfurt)
- Traumhafte Lösungen (Hugendubel, IRIS/Königsfurt)

Thema Energiezentren des Körpers
- Sieben Kräfte hat das Ich (Integral Verlag)
- Das Arbeitsbuch zu dem Chakras (Hugendubel Verlag)
- Fahrplan durch die Chakren (Rowohlt Verlag)
- Chakren - Lebenskraft und Lebensfreude aus der eigenen Mitte (Gräfe & Unzer Verlag)
- Chakren-Arbeit (Goldmann Verlag)

Thema Enneagramm
- Das Enneagramm (Goldmann Verlag)
- Das Arbeitsbuch zum Enneagramm (H.Hugendubel Verlag)
- Das Enneagramm der Liebe (H.Hugendubel Verlag)

Thema Farbe
- Farben - Ihre natürliche Heilkraft (Gräfe & Unzer Verlag)
- Das Geheimnis der Farbe Schwarz (Fischer Media)
- Das Geheimnis der Farbe Weiss (Fischer Media)
- Das Geheimnis der Farbe Rot (Fischer Media – in Vorbereitung)
- Das Geheimnis der Farbe Blau (Fischer Media – in Vorbereitung)

- Magisch Reisen: England (Goldmann Verlag)

Ferner bietet Klausbernd Vollmar, kbvollmar@aol.com einen Fernlehrgang zum Thema »Einführung in die Traumarbeit« und Vortragskassetten zum Thema Traum, Enneagramm und Chakras an.

Seminarhinweis

Wer Interesse an Vorträgen, Workshops und (Ferien-)Kursen in Kleingruppen oder Einzelberatung und Coaching in deutscher Sprache hat, der wendet sich bitte an:

Klausbernd Vollmar, Dipl. Psych.
Rhu-Sila
Cley next the Sea
Holt/Norfolk NR 25 7UD
fon & fax 0049 1263 740304
email: kbvollmar@aol.com
homepage: www.kbvollmar.de
England

Interessenten für Kurse aus der Schweiz, Liechtenstein und Österreich wenden sich bitte für weitere Informationen an:

Haus Gutenberg
FL-9496 Balzers
fon 0041 75 3881133
fax 0041 75 3881135
Liechtenstein

Laura Hermes

Aphrodites Traum – Traumdeutung in der Antike.

ISBN 3-933939-28-3. Paperback, 208 Seiten.

Wissen Sie, woher das Wort Klinik stammt? Zur Zeit der alten Griechen legte man sich in den Tempeln des Asklepios (Äsculap) auf die Schlafbank *Kline*. Die Tempelrituale, nicht zuletzt die unter der *Kline* kriechenden Schlangen, sorgten für nachhaltige Träume. So wurde mit dem Tempelschlaf die Methode der Trauminkubation erfunden, und die Deutung der dabei erzielten Träume diente als Grundlage seriöser medizinischer Heilbehandlung.

Diese spannende Studie über den Traum in der Antike ist leichtfüßig und unterhaltsam geschrieben. Nebenbei enthüllt sie Sigmund Freuds Klassiker-Quellen und bietet ein verblüffend aktuelles ABC der Traum-Symbole (aus dem Traumbuch des Artemidor). Lebenshilfe aus der Antike!

»Die Publizistin Laura Hermes nimmt ihre Leser mit auf einen ebenso kurzweiligen wie informativen Streifzug durch das Reich der Traumdeutung der Antike« (*Neue Zürcher Zeitung*). – »Die Materie ist fesselnd (...), und sie wird in dem vorliegenden Buch auch fesselnd dargeboten. In sieben Kapiteln lösen Betrachtungen der Autorin und Auszüge aus wichtigen Quellen einander ab. (...) Kulturhistorische Monographien, die lesbar, belehrend und unterhaltsam sind, werden (...) weit unter Bedarf produziert – hier ist eine« (*Frankfurter Allgemeine Zeitung*).

Im Buchhandel erhältlich.

KÖNIGS FURT

Josef Rattner

»Ich winselte einmal in der Nacht ...«
Kafka und das Vaterproblem.

ISBN 3-933939-18-6. Paperback, 144 Seiten.

Als Schlüsselerlebnis deutet Rattner eine nächtliche Szene, die Franz Kafka im »Brief an den Vater« wie folgt beschreibt: »Ich winselte einmal in der Nacht immerfort um Wasser, gewiß nicht aus Durst, sondern wahrscheinlich teils um zu ärgern, teils um mich zu unterhalten. Nachdem einige starke Drohungen nicht geholfen hatten, nahmst Du mich aus dem Bett, trugst mich auf die Pawlatsche und ließest mich dort allein vor der geschlossenen Tür im Hemd stehen. (...) Das für mich Selbstverständliche des sinnlosen Um-Wasser-Bittens und das außerordentlich Schreckliche des Hinausgetragenwerdens konnte ich meiner Natur nach niemals in die richtige Verbindung bringen.«

Der Kern dieser Schlüsselszene betrifft das Selbstverständliche der persönlichen Eigenart und den außerordentlichen Schrecken der Verneinung bzw. Unterdrückung derselben. Heute können wir in Franz Kafka – deutlicher als zuvor – einen der maßgeblichen Entdecker des Eigenen und seiner (zunächst oft schmerzhaft fehlenden, unbekannten) Selbstverständlichkeiten erkennen. Josef Rattner hat den Blick darauf gelenkt, und das macht seine Studie bedeutsam für ein großes Publikum.

Er ist ein Pionier und Brückenbauer: Prof. Josef Rattner, in Wien geboren, in Zürich studiert und die ersten Lorbeeren verdient, sodann in Berlin daheim. Zwei Doktortitel – in Philosophie und Medizin, Wegbereiter der Psychosomatik sowie der Gruppen-Psychotherapie. Bekannter Repräsentant einer »Humanistischen Psychoanalyse«.

»Alle seine Bücher [sind] in einer leicht verständlichen Sprache geschrieben (...), die den Menschen (...) in einer großen Differenziertheit zu begreifen versucht« (DIE WELT).

Der Band enthält Prof. Rattners Studie sowie den Brief Franz Kafkas an seinen Vater ...

KÖNIGS FURT